공직선거법과 선거방송심의

나남
nanam

성 낙 인

서울대학교 법과대학 및 동대학원 졸업
프랑스 파리 2대학교 법학박사
사법시험 · 행정고시 · 입법고시 · 외무고시 · 군법무관시험 위원
언론중재위원회 중재위원, 헌법재판소 자문위원
대법원 법관인사위원, 국무총리행정심판위원회 위원
대통령자문 교육개혁위원회 위원
한국언론법학회 부회장, 한국공법학회 회장
서울대학교 법과대학 학장 역임
현재 서울대학교 법과대학 헌법학 교수, 한국법교육학회 회장

저서로 *Les ministres de la 5e République française*, 《헌법학》, 《프랑스헌법학》, 《한국헌법연습》, 《언론정보법》, 《선거법론》 등

나남신서 · 1245

공직선거법과 선거방송심의

2007년 9월 10일 발행
2007년 9월 10일 1쇄

저자_ **成樂寅**
발행자_ **趙相浩**
발행처_ (주) 나남
주소_ 413-756 경기도 파주시 교하읍
출판도시 518-4
전화_ 031) 955-4600 (代)
FAX_ 031) 955-4555
등록_ 제 1-71호(79. 5. 12)
홈페이지_ www.nanam.net
전자우편_ post@nanam.net

ISBN 978-89-300-8245-7
ISBN 978-89-300-8001-9 (세트)
책값은 뒤표지에 있습니다.

나남신서 · 1245

공직선거법과 선거방송심의

성낙인

나남
nanam

The Election Law & the Broadcast Deliberation Committee on Election

by

Sung, Nak In

nanam

머리말

국민의 주권적 의사를 대표하는 선거란 참으로 민주주의의 축제여야 한다. 그러나 선거에서는 언제나 주권적 의사의 정확한 반영여부가 논쟁이 되고 있다. 무엇보다도 선거부정이 없어져야 한다. 1948년 5월 10일 대한민국에서 최초로 보통, 평등, 직접, 비밀선거가 실시된 이후 지속적으로 이어진 일련의 선거과정에서 선거부정은 항시 부적처럼 달라붙어 있었다. 1987년 헌법(제6공화국헌법) 체제의 등장에 따른 민주화 이후에 적어도 선거부정은 뿌리 뽑아야 한다는 취지에서 1994년 공직선거관련 법제를 통합한 이른바 통합선거법에서는 그 명칭에서부터 '공직선거 및 선거부정방지법'이라고 하여 선거부정방지가 이 법의 화두였음을 분명히 하고 있었다. 그 사이 법률개정을 통하여 이제 적어도 선거부정은 어느 정도 해소되었다고 판단함에 따라 법률의 명칭도 10년 만에 '공직선거법'으로 단순화되었다.

종래 한국의 민주주의를 억누른 직접적인 관권선거의 폐해는 어느 정도 시정되었다고 하더라도 간접적이고 암묵적인 선거부정

시비는 여전히 끊이지 않고 제기되고 있다. 특히 정보사회의 급격한 진전에 따라 선거에 미치는 언론매체의 영향력은 더욱 증대하고 있다. 기존의 전통적인 활자매체인 신문의 영향력은 별론으로 하더라도 새로 등장한 인터넷 포털매체는 전통적인 언론시장을 변화시킬 정도로 발전하고 있다. 하지만 적어도 현재까지 나타난 여론조사결과 등에 비추어본다면 전통적인 방송매체의 영향력이 가장 위력적인 것으로 드러나고 있다. 방송도 물론 케이블방송(CATV)이나 인터넷방송 등도 있겠으나 가장 강력한 영향력은 여전히 공중파방송이 차지하고 있다.

KBS, MBC, SBS로 대표되는 공중파방송은 전파자원의 유한성에 기초하여 사실상 국가가 특허권을 부여한 방송사이다. 바로 여기에 선거와 관련된 일련의 방송심의제도에 관해서 보다 정밀한 법과 제도의 구축필요성이 제기된다. 선거방송심의는 한편으로는 공직선거법의 틀에 기초해 있다는 점에서 선거법의 쟁점이기도 하지만 동시에 그 본질에서 언론보도, 그 중에서 특히 방송보도와 관련된 문제라는 점에서 그것은 동시에 언론법의 핵심적인 연구과제라 아니할 수 없다.

그간 저자는 헌법학자로서 헌법학연구의 중요한 과제의 하나인 언론법과 선거법에 많은 관심을 가지고 저서와 논문 등을 통한 학리적 문제제기뿐만 아니라 언론관련 실무에도 깊이 관여한 바 있다. 본인의 졸저 《헌법학》(법문사)은 매년 개정을 거듭하면서

2007년 현재 제 7판에 이르고 있다. 헌법학 교과서에서는 그간 논의와 개정을 거듭하고 있는 언론법 및 선거법 관련이론과 판례를 새로이 반영하여 왔다.

다만 특정주제를 가지고 연구한 결과물로서의 모노그래피 성격의 연구서들은 지속적인 업데이트가 현실적으로 매우 어렵다. 저자는 1998년에 《언론정보법》(나남)을 간행하여 그때까지 비교적 척박한 한국의 언론정보법 연구에 새로운 활력을 불러일으키려 한 바 있다. 그 이후에 많은 동학 및 후학들에 의하여 다수의 언론정보법 관련역저들이 출간된 것은 한국 언론정보법의 발전을 위하여 매우 다행스러운 일이다. 저자 또한 《언론정보법》 독자에 대한 책무로서 비록 개정판은 아니지만 관련법령이 제정 또는 개정되면 그에 관련된 논문이나 칼럼을 통하여 정확한 지식정보전달을 위하여 노력하여 왔다. 그 사이에 특히 많은 부분이 개정된 선거법에서의 언론 관련법령들을 평가한 "선거법과 언론"(〈서울대법학〉 제 43권 제 3호, 2002), "인터넷매체의 법적 지위에 관한 연구"(〈한국언론학술논총〉, 2003) 등 다수의 논문을 발표한 바 있다. 특히 《언론정보법》 출간 이후에 새로이 (통합)방송법이 제정되어 방송법도 전면적인 개혁이 이루어졌다. 일반 언론법제 또한 전면적인 개혁이 이루어졌다. '정기간행물의 등록 등에 관한 법률'이 폐지되고 이를 대체하는 '신문 등의 자유와 기능보장에 관한 법률'과 '언론중재 및 피해구제에 관한 법률', '뉴스통신 진흥에 관한 법률' 등이 제정되었다. 이들 법률은 기존 언론법제의 전면적인 변화를 초래하고 있다. 이에 따라 논쟁적인 일부 사안에 대해서는 헌법재판소의 위헌결정도 내려진 바 있다. 그간 저자는 언론중재위원회 중재위원, 방송위원회 방송정책기획위원회 위원 등으로 참여하면서 이론뿐만 아니라 실무적인 문제에도 많은 관심을 가져왔다. 또한 고려대 원우현 교수님을 도와서 한국언론법학회 창립에 직접 관여한 바 있다. 언론학자와 법학자의 최초의 공식적인 연구의 장을 마련하였다는 점에서 한국언론법학회는 앞으로 언론법제 연구에 중요한 초석을 다질 수 있을 것으로 확신한다.

저자는 또한 1998년에 《선거법론》(법문사)을 출간하여 헌법과 공직선거법의 문제점을 적시한 바 있다. 그러나 그 사이 공직선거법이 1994년 제정된 이후 무려 28차례나 개정을 거듭함으로 인하여 법령의 많은 부분이 개정되었다. 다만 《선거법론》에서 제시한 선거법제의 원론적인 논의는 여전히 타당하리라고 본다. 개정된 공직선거법 관련내용 및 이론과 판례도 헌법학 교과서를 통하여 매년 보완하여 왔다. 특히 선거라는 첨예한 문제에 부닥치면서 많은 헌법재판소 결정들이 쏟아져 나왔다. 그 사이 저자는 '개정 국회의원선거법제 관견'(〈헌법학연구〉 제10권 제2호, 2004) 등을 통하여 선거법의 새로운 흐름을 반영하여 왔다.

이번에 독자들에게 공간(公刊)하게 되는 《공직선거법과 선거방송심의》는 선거방송의 중요성에 비추어 그간 선거방송심의의 현황과 문제점을 나름대로 조목조목 지적하려 하였다. 5년마다 시행되는 대통령선거, 4년마다 시행되는 국회의원선거와 지방자치선거, 여기에 더하여 국회의원과 지방자치관련 보궐선거까지 합치면 거의 매년 선거가 실시되고 있다. 그 과정에서 선거방송심의의 적확성을 담보할 수 있는 법과 제도가 무엇인지 고민한 결과물을 이제 책으로 내게 되어 보람을 느낀다. 다만 그 사이 저자는 서울대학교 법과대학 학장과 한국공법학회 회장 등 학교 및 학회 보직을 수행하느라 독자들과 학문적 대화가 미흡하였음을 양해해 주시기 바란다.

이 책을 출간함에 있어 많은 분들의 도움을 받았다. 명지대학교 법학과의 권건보 교수는 이 작업에 처음부터 끝까지 참여하여 사실상 이 작업의 핵심적인 역할을 수행하여 주었다. 무엇보다도 1998년에 《언론정보법》을 출간하여 주었고 이번에 또다시 《공직선거법과 선거방송심의》라는 책을 흔쾌히 출간해 주신 나남출판의 조상호 사장님께 깊이 감사드린다. 언론학 박사로서 후학지도에도 많은 애정을 갖고 계신 조상호 사장님의 언론학에 대한 애정을 새삼 읽을 수 있다.

2007년 8월

성 낙 인

나남신서 · 1245

공직선거법과 선거방송심의

차 례

제 1 장
서 론

민주주의가 제대로 구현되려면 주권자가 올바른 대표자를 선택할 수 있어야 한다. 유권자의 올바른 선택을 담보하기 위해서는 후보자의 정치적 비전과 그것을 달성하기 위한 전략 및 다양한 정책 이슈들이 유권자들에게 제공됨으로써 보다 성숙한 판단이 가능해진다. 이러한 점에서 정치지도자의 자질이나 정치적 식견을 있는 그대로 전달함으로써 유권자가 다양한 정치적 쟁점의 차이에 대한 정확한 인식을 갖출 수 있게 하는 것이 무엇보다도 중요하다고 하지 않을 수 없다.

그런데 언론매체가 발달한 현대사회에서 각종 선거의 후보자나 정당에 대한 정보는 언론매체가 전달하는 정보에 크게 의존할 수밖에 없다. 언론기관이 그려주고 전달해주는 대로 정당을 판단하고 후보자를 평가하게 된다. 여론조사의 결과를 보면 선전벽보나 현수막, 홍보인쇄물 및 거리연설 등의 방법은 그 실효성 측면에서 효과가 매우 적은 반면, 방송이나 신문 등의 언론매체는 일시에 많은 사람에게 후보자를 홍보하여 유권자가 후보자를 인식하는 데 가장

효과적인 방법인 것으로 나타났다.[1)]

더욱이 미디어를 활용한 선거운동은 대규모 군중유세의 경우 소요되는 비용을 절감할 수 있고, 후보자가 유권자의 지지표를 매수하거나, 유권자가 후보자에게 지지를 조건으로 금전을 요구하는 부정부패를 막을 수 있는 등의 장점이 있는 것으로 평가되고 있다.

현행 공직선거법제도는 이러한 사정을 반영하여 여러 차례의 개정과정을 거치면서 신문과 방송, 인터넷 등 각종 매체를 통한 선거운동이 이루어질 수 있도록 허용하고 있다. 하지만 후보자와 주권자의 접촉에 언론매체가 개입하게 됨에 따라 언론매체의 보도태도는 유권자의 판단에 적잖은 영향을 미칠 수 있는 단점도 나타난다. 만일 언론매체가 특정한 정파나 후보자를 유리하게 혹은 불리하게 보도할 경우 유권자는 참정권의 올바른 행사에 필요한 중요한 정보들을 그릇되게 받아들이게 되고, 그에 따른 선거의 결과는 주권자의 진정한 의사와 유리되어 나타날 수 있다.

특히 방송을 통한 선거운동이나 방송에 의한 선거보도의 경우 방송매체의 특수성으로 말미암아 유권자의 의사에 미치는 영향이 지대하다. 따라서 선거방송에서 공정성을 확보하는 것은 민주주의의 성패를 좌우할 만큼 중대한 관건이 되고 있다. 그런 만큼 선거방송에서의 공정성 확보를 요구하는 목소리가 높았다. 정치인들은 여야를 막론하고 방송의 공정성을 요구했으며, 시민들 또한 방송이 특정정치인을 은밀하게 지지하는 편파보도를 중지하고, 이른바 '공정'

1) 제15대 대통령선거의 후보자 인지경로를 보면 현수막(1.5%), 선전벽보(3%), 홍보인쇄물(5.9%), 거리연설(5.3%), 텔레비전·라디오(49.8%), 신문(27.3%), 타인과의 대화(11.6%) 등으로 나타났다. 중앙선거관리위원회, 〈제15대 대통령선거에 관한 유권자 의식조사〉, 1997, 90쪽.

한 보도를 할 것을 요구했다. 이러한 선거방송의 공정성에 대한 요청은 〈공직선거법〉에서 방송매체에 대해 공정보도 의무의 부과와 선거방송 심의제도의 도입으로 나타났다.

선거방송 심의제도와 관련, 우리나라의 〈공직선거법〉은 1997년 11월 14일 제 8조의 2를 신설하면서, 선거방송의 공정성을 유지하기 위하여 선거방송 심의위원회를 법정기구로서 설치·운영할 것을 규정하였다. 이에 따라 1997년 제 15대 대통령선거를 필두로, 1998년 제 2회 지방선거, 2000년 제 16대 국회의원총선거, 2002년 제 3회 지방선거, 2002년 제 16대 대통령선거, 2004년 제 17대 국회의원총선거 등에 이르기까지 여러 차례에 걸쳐 선거방송 심의위원회가 설치되어 활동한 바 있다.

이러한 선거방송 심의제도의 도입은 방송매체를 활용한 선거운동의 확대와 맞물리면서 선거방송 심의위원회의 역할에 대해 정치권이나 일반국민으로부터 혹은 언론매체들 사이에서 상당한 주목을 끌게 하였다. 하지만 이 과정에서 선거방송 심의제도를 규율하는 법체계상의 문제라든가 선거방송 심의기구의 구성과 지위, 권한, 소속 등을 둘러싼 문제, 또는 선거방송의 자유에 대한 과도한 제한의 문제 등 많은 쟁점들이 부각되었다. 이에 따라 선거방송 심의제도가 규범적 측면에서 볼 때 어떠한 의미를 가지는지, 그리고 국민의 권익을 최대한 보장하기 위해서는 어떠한 방향으로 개선되는 것이 바람직한지를 검토하는 것은 거의 연차적으로 시행되는 대통령선거, 국회의원선거, 지방자치선거 일정에 비추어보건대 반드시 짚고 넘어가야 할 쟁점이 아닐 수 없다.

그동안 언론학계에서는 공정성이 선거시기 저널리즘의 가장 중요한 화두라는 인식하에 다양한 관점에서 다양한 접근방법으로 선거방송의 공정성에 관한 연구를 전개했다. 하지만 공정성을 확보하기 위한 선거방송법제에 관한 논의는 법적인 분석의 틀에서는 제대로 논의가 이루어지지 않았다.

이에 따라 이 연구에서는 선거방송의 공정성을 확보하기 위한 심의기구의 설치와 운영에 따른 제반 문제에 대하여 규범론적 연구방법에 기초하여 접근하였다. 구체적으로 법해석학적 연구방법과 비교법적 연구방법 등을 병행하는 방식을 취하였다. 물론 이 가운데 가장 핵심이 되는 것은 관련법령의 체계적 해석작업이라 할 것이므로, 〈공직선거법〉과 〈방송법〉 기타 관련법령의 분석이 선행될 수 밖에 없었다. 이를 위해 헌법 및 선거법제와 방송법제 등에 관한 각종의 서적, 관련논문, 국내외 판례, 인터넷상의 자료 등을 수집·정리·분석·비판하는 문헌연구 조사방법을 사용하였다. 이와 아울러 선거방송 심의제도의 개선책과 관련하여서는 정책론적 접근도 함께 시도하였다.

이하에서는 그간의 선거과정에서 드러난 선거방송 심의제도의 현황과 문제점들을 구체적으로 살펴보고, 선거방송 심의제도의 법적 발전방향을 모색해 보고자 한다. 구체적으로는 먼저 선거방송 심의제도의 도입배경과 연혁, 선거보도 심의제도의 운영현황 등을 살펴보고, 이어서 선거방송 심의위원회의 법적 지위와 구성 및 운영에 관련된 쟁점사항, 그 직무범위와 법적 권한의 적정성 등을 검토한 다음, 마지막으로 선거방송 심의와 관련한 법제도적 개선방안을 모색해 보기로 한다. 그 구체적인 논의내용은 다음과 같다.

제 2장에서는 선거방송의 공정성과 규제에 대해 살펴보았다. 우선 언론의 자유와 그 한계, 선거방송의 자유와 공정성의 원칙에 관한 논의를 소개한 다음, 외국의 선거방송과 공정성 모델을 비교법

적으로 고찰하였다.

제 3장에서는 선거방송 심의제도의 도입과 운영현황을 다루었다. 먼저 선거방송 심의제도의 도입배경을 살펴보고, 선거방송 심의제도의 법적 근거와 내용을 소개하였다. 여기서 선거방송 심의위원회 이외에 또다른 선거보도 심의기구인 선거기사 심의위원회와 인터넷 선거보도 심의위원회를 비교분석하였다. 그리고 이어서 역대 선거방송 심의위원회의 운영현황을 살폈다.

제 4장에서는 선거방송 심의제도의 문제점을 검토하고, 그 개선방안을 모색해 보았다. 먼저 선거방송 심의위원회의 법적 지위와 구성・운영에 관련된 쟁점사항으로, 방송위원회와의 관계, 선거방송위원회의 구성방식과 운영기간에 관한 문제 등을 논의하였다. 다음으로 선거방송 심의위원회의 직무범위와 법적 권한에 관한 쟁점사항으로, 선거방송의 개념 정의, 규칙제정권과 심의의결권, 반론보도의 특칙, 형사처벌조항, 재심의 근거와 절차 등에 관한 문제들을 다루었다. 이어서 선거방송 심의위원회의 제도적 개선방안을 모색하였다. 마지막으로 관련법령의 합헌성도 검토하면서 명확성원칙과 위임입법의 한계, 과잉금지원칙 등이 문제되는 사안들을 살핀 후, 문제된 법령의 개정방향을 제시하였다.

제 2 장
선거방송의 공정성과 규제

1. 언론의 자유와 그 한계

1) 언론자유의 의의

(1) 역사적으로 언론의 자유는 중세 봉건제와 근대 절대왕정의 지배에 대항하여 시민자유의 확대를 위한 투쟁과정에서 획득된 것이었다. 따라서 언론의 자유는 전통적으로 국가권력으로부터의 자유를 의미하는 소극적 자유권으로 이해되었다.[1] 이러한 언론의 자유는 자유로운 시민사회의 건설이라는 목표를 성취하고자 했던 자유주의의 사상으로부터 직접적인 영향을 받았다.

17세기의 자유주의적 언론관을 형성하는 데 크게 기여한 밀턴(John Milton)은 자유롭고 분별 있는 정신이 활성화될 수 있기 위해서는 언론의 자유가 보장되어야 함을 역설하였다. 그는 이성적 존재

---

1) 성낙인, 《헌법학》 제7판, 법문사, 2007, 426쪽 ; 성낙인, 《언론정보법》, 나남, 1998, 57쪽.

인 인간은 진리와 허위가 모두 제시되었을 경우 결국에 진리를 선택할 것이므로, 정부는 미디어가 어떤 것을 간행하든지 막아서는 안된다고 하였다. 이른바 자기교정의 원칙을 통해 언론자유의 정당성을 강조했던 것이다.

언론의 자유에 대한 이와 같은 신념은 19세기의 밀(J. S. Mill)의 '사상의 자유시장론'으로 계승된다. 그는 《자유론》(1859)에서 다음과 같이 말했다.

> 전 인류가 한 사람을 제외하고 모두 동일한 의견을 갖고 있고 한 사람만이 그것에 반대의견을 갖고 있는 경우, 인류에게는 그 한 사람을 침묵시킬 권리가 없다. … 만일 그 의견이 옳은 경우 반대자들은 오류를 버리고 진리를 따를 기회를 빼앗긴다.

하지만 밀은 한 사람의 권리를 제약하는 것은 곧 다른 사람의 이익을 침해하는 것이므로 개인의 권리침해가 아니라 사회적 권리의 침해가 된다는 공리주의적 견해를 가지고 있었다. 이는 언론의 자유를 개인의 자유가 아니라 사회적 자유로 인식하게 하는 중요한 논리를 제공하고 있다.[2)]

한편 20세기 들어 산업화·도시화를 거치면서 사회의 복잡성은 증대되었고, 다양한 미디어의 등장은 대의제 민주주의체제하에서 여론의 형성을 통한 시민의 정치참여를 가능케 하는 길을 열었다. 이에 따라 근대적 언론의 자유가 소극적·개인적 자유였음에 반하여 현대적 의미에서 언론의 자유는 시민이 주체가 되어 국가의 공동체적 의사형성에 적극적으로 참여한다는 점에서 적극적·집단적인

---

2) 김서중, "언론자유와 선거보도에 대한 규제", 〈언론중재〉 2002년 봄호.

성격을 띠게 되었다.[3)]

자유민주주의 정치체제에서의 언론자유는 개인 시민의 언론·표현의 자유인 동시에 시민의 알권리를 보장하기 위해서 미디어에게 위임된 언론의 자유를 모두 포함한다. 미디어의 언론자유는 시민의 직접적인 정치참여가 어려운 대의제 정치제도에서 미디어가 정부의 행위를 감시하고 공공문제에 대한 토론의 장을 제공하며, 나아가서는 정부에 대한 시민의 공적 통제의 역할을 수행할 것을 요구한다. 그러나 대의제 민주주의의 한계를 보완할 것으로 기대되었던 미디어는 자신에게 위임된 언론자유를 이상적으로 실천하는 대신 자본주의 사회의 또다른 거대권력으로 성장했다.

이와 같은 미디어의 변화는 언론자유의 주체인 시민을 자율적인 참여공중으로 만들기보다는 미디어가 생산해 내는 뉴스와 오락물의 수동적 소비자로 전락시키는 결과를 낳았다. 하버마스(Jürgen Habermas)도 대의제 정치제도에서 미디어가 공적 토론의 장으로서 기능하기는커녕 오히려 상품화된 메시지를 통해 사적 개인의 생활세계마저 식민화하는 데 앞장서고 있다고 비판한 바 있다.[4)] 과연 오늘날 중요한 공론(公論)의 장(場)으로서 기능해야 할 언론매체가 자본권력에 의해 포섭됨으로써 공공의 이익과 관련된 쟁점들은 논의의 대상에서 점차 배제되고,[5)] 그 대신 언론사주 개인이나 혹은 언론사의 이해관계를 수호하는 보도가 급증하는 상황이 초래되고 있음을 부인하기 어렵다.

---

3) 박용상, 《표현의 자유》, 현암사, 2002, 7~8쪽.

4) 홍성구, "숙의민주주의와 언론자유의 확장", 임상원 외, 《자유와 언론》, 나남출판, 2004, 193쪽.

5) 이민웅, 《저널리즘: 위기, 변화, 지속》, 나남출판, 2003, 346쪽.

(2) 언론의 자유를 가장 먼저 성문화된 권리로서 보장한 나라는 프랑스이다. 프랑스 헌법의 권리장전에 해당하는 1789년의 〈인간과 시민의 권리선언〉은 제 11조에서 다음과 같이 언급하고 있다.

사상과 의견의 전달은 인간의 가장 고귀한 권리 중의 하나이다. 따라서 모든 시민은 자유로이 말하고, 저술하고, 출간할 수 있다. 다만 모든 시민은 법률이 정하는 바에 따라서 그 자유의 남용에 대해서 책임져야 한다.

미국의 연방헌법 수정조항 제 1조는 다음과 같이 규정하고 있다.

연방의회는 국교를 정하거나 자유로운 종교적 활동을 금지하는 법률은 제정할 수 없으며, 또한 언론 또는 출판의 자유를 제한하거나 평온하게 집회할 권리와 불만의 구제를 정부에 청원할 권리를 제한하는 법률도 제정할 수 없다.

독일에서는 언론의 자유를 자유로운 의사표현의 권리를 인정하는 기본법 제 5조(제 1항)에 의해 보장하고 있다.

누구나 말, 글, 그리고 그림으로 자유로이 자신의 의사를 표현하고 전파하며, 일반적으로 접근할 수 있는 정보원으로부터 방해받지 아니하고, 정보를 얻을 권리를 가진다. 언론의 자유와 방송과 필름을 통한 보도의 자유는 보장된다. 검열은 허용되지 않는다.

일본은 헌법 제 21조에서 다음과 같이 규정하고 있다.[6]

---

6) 한국언론연구원, 《세계언론법》(상)(하), 1995.

집회 · 결사 및 언론 · 출판 그 밖의 모든 표현의 자유를 보장한다. 검열을 해서는 안 된다. 통신의 비밀은 침해해서는 안 된다.

한편 우리나라는 헌법 제20조에서 다음과 같이 규정하고 있다.

모든 국민은 언론 출판의 자유와 집회 결사의 자유를 가진다. 언론 출판에 대한 허가나 검열과 집회 결사에 대한 허가는 인정되지 아니한다. 통신 방송의 시설기준과 신문의 기능을 보장하기 위하여 필요한 사항은 법률로 정한다. 언론 출판은 타인의 명예나 권리 또는 공중도덕이나 사회윤리를 침해해서는 아니 된다. 언론 출판이 타인의 명예나 권리를 침해한 때에는 피해자는 이에 대한 피해의 배상을 청구할 수 있다.

(3) 우리 헌법 제21조 제1항에서 보장하는 언론의 자유는 일반적으로 불특정다수인을 상대로 자신의 의견이나 사상을 자유로이 표명하거나 전달할 수 있는 자유로 이해되고 있다. 그 보호의 대상이 되는 의사표현이나 전파의 매개체는 어떠한 형태이건 가능하므로 담화, 토론, 연설, 연극, 방송, 신문, 도서, 문서, 사진 등을 포함한다.[7] 우리의 헌법재판소도 의사표현 또는 의사전파의 매개체는 어떠한 형태이건 가능하며 그 제한이 없다고 본다.[8] 따라서 인쇄매체이든 전파매체이든 의사형성의 작용을 하는 이상, 의사를 표현하고 전파하는 자유의 보호범위에 속한다.

한편 국민의 알권리는 전통적으로 언론매체의 보도를 통하여 충족되어 왔으므로 언론의 자유에서 특히 중요한 것은 언론사를 통한

7) 성낙인, 《헌법학》 제7판, 법문사, 2007, 433쪽.
8) 헌재 2001.8.30. 2000헌가9.

언론보도의 자유라고 할 수 있다. 헌법 제21조 제3항은 "통신 · 방송의 시설기준과 신문의 기능을 보장하기 위하여 필요한 사항은 법률로 정한다"라고 규정하고 있다. 이러한 헌법의 규정에 따라 〈신문 등의 자유와 기능 보장에 관한 법률〉[9]과 〈방송법〉이 제정 · 시행되고 있다. 이에 따라 현행법상 인쇄매체는 〈신문 등의 자유와 기능 보장에 관한 법률〉에 의해, 전파매체는 〈방송법〉에 의하여 각각 규율되고 있다.

2) 방송의 자유와 공적 책임

(1) 방송의 자유

방송은 전파를 이용한 통신수단이라 할 수 있다. 그런데 전파는 제한적인 주파수의 영역에서만 사용이 가능한 것이어서 천연자원과 같이 희소성을 띨 수밖에 없다. 이러한 이유로 전파에 대해서는 일찍부터 공공의 자산이라는 관념이 싹텄다. 송신자의 수가 제한될 수밖에 없는 방송 역시 전체 국민으로부터 신탁받아 시행되는 것으로서 사회적 공기(公器)로서의 사명을 다하여야 하는 것으로 이해되었다. 오늘날에도 방송은 민주적 여론형성, 생활정보의 제공, 국민문화의 향상 등의 공적 기능을 담당하면서 국민생활에 막대한 영향을 미치고 있다.

방송의 자유를 헌법에 명문으로 보장하는 독일 등의 국가와는 달리, 우리의 경우 이에 관한 명시적 헌법규정이 없다. 하지만 우리

---

9) 과거의 〈정기간행물의 등록 등에 관한 법률〉은 2005년 1월 27일 전면개정되면서 명칭까지 〈신문 등의 자유와 기능 보장에 관한 법률〉(법률 7369호)로 변경되었다.

나라에서도 방송의 자유가 보장된다는 점에 관해서는 이론이 있을 수 없다. 다만 그 법적 근거에 대해서는 논란이 있을 수 있으나, 일반적으로 헌법 제 21조 제 1항에서 방송의 자유가 도출될 수 있는 것으로 이해되고 있다.

헌법상 방송의 자유란 방송주체의 존립과 활동이 국가권력의 간섭으로부터 벗어나 독립함을 의미할 뿐만 아니라, 국가권력 이외에 방송의 자유를 침해하는 사회 제세력에 대하여도 그 효력을 주장할 수 있는 자유를 말한다.[10] 따라서 방송의 자유에서 무엇보다도 중요한 것은 주요 방송매체가 국가권력이나 자본권력 기타 각종 사회세력의 지배와 영향으로부터 자유로워야 한다는 점이다. 그리고 지배적인 의사의 형성을 방지하고 다양한 의사가 가능한 한 폭넓고 완전하게 대변될 수 있도록 프로그램이 마련되어야 하고, 이를 위하여 정보가 포괄적으로 제공되어야 한다는 점도 방송의 자유에서 중요하다.[11]

우리 방송법제에서도 이러한 점들이 반영되어 있는데, 특히 방송편성의 자유와 관련하여 2000년 1월 12일 새로 제정된 〈방송법〉(법률 제 6139호)은 제 4조에서 방송편성의 자유와 독립은 보장되며(제 1항), 누구든지 방송편성에 관하여 법률에 의하지 아니하고는 어떠한 규제나 간섭을 할 수 없다고 규정하고 있다(제 2항).

(2) 방송의 공적 책임

방송이 가지는 전파력과 전통적인 지상파방송 전파자원의 유한

10) 서울고등법원 1994.9.27. 선고, 92나35846 판결.

11) Konrad Hesse, Grundzüge des Verfassungsrechts der Bundesrepublik Deutschland, Heidelberg: C. F. Müller Juristischer Verlag, 1991, S. 163.

성에 따른 특성을 고려한다면, 방송의 공적 책임 및 방송의 공정성과 공익성이 강조될 수밖에 없다. 그 결과 신문 등 인쇄매체에 관한 법제보다 방송법제에서는 방송의 공적 기능이 상대적으로 더 강조되고 있다.[12)]

이처럼 방송의 자유에 공공성을 강조하는 것을 방송의 자유에 대한 위협이라고 볼 수는 없을 것이다. 왜냐하면 헌법상 기본권은 절대적으로 보장되는 것은 아니고, 국가안전보장, 사회질서, 공공복리를 위하여 법률로써 필요 최소한도로 기본권을 제한하는 것은 허용되기 때문이다(제37조 제2항). 오히려 방송에 공공성의 의무를 부과함으로써 보다 헌법질서에 부합하는 방송의 역할을 다할 수 있으며, 방송으로 하여금 인간의 존엄과 가치, 국민의 행복추구권 등에 보다 기여할 수 있는 여건을 만들 수 있다고 본다. 이러한 점에서 선거방송의 자유 역시 "자유민주주의 헌법상 국민의 의사결정원리에 따라 다양성원칙과 공정성 의무에 의해 구속받는 제도적 자유이다"라고 할 수 있다.[13)]

이러한 방송의 공공성 의무는 각 국가의 헌법이념에 따라 그 인정여부 또는 인정의 정도가 다르게 파악되고 있다.

미국의 경우 신문과 달리 초기부터 방송에 대해서는 행정기관인 연방통신위원회(FCC)의 광범위한 통제가 인정되고 있다. 하지만 자유주의적 헌법원리에 따라 방송 역시 주관적 공권으로서 인식되는 까닭에 사회국가원리를 강조하는 유럽의 국가들에 비해 상대적으로 방송의 공공성이 덜 요구되고 있다.

영국의 경우에도 1996년 방송법을 개정할 때 방송의 공정성

---

12) 성낙인, 《헌법학》, 법문사, 2007, 444쪽.

13) 서울고등법원 1994.9.27. 선고, 92나35846 판결.

(*impartiality*) 원칙을 명시하여야 한다는 주장이 의회에서 제기되었으나, 이는 뉴스편집의 독립성을 위협한다는 비난에 따라 철회되었다.[14)]

이에 비하여 프랑스나 독일 등의 경우에는 방송을 제도적 언론(*Instrumental Press*)으로 보아 방송에 대한 강한 공적 책임을 요구하고 있다. 즉, 언론으로서의 방송의 자유(*Runkfunkfreiheit*)라는 측면보다는 일반대중인 국민이 가지는 알권리, 정보의 자유에 봉사하는 자유로서의 수단 내지는 도구적인 의미에서 방송의 자유가 인정되고 있으며, 따라서 방송의 자유는 객관적인 제도보장의 결과로서 인정되는 제도적 자유(*institutionelle Freiheit*)로 이해되고 있다.[15)] 다시 말해 방송의 자유는 방송사를 운영하는 자의 자유나 권리가 아니라, 방송수용자의 권익보호를 위해 객관적으로 보장된 허가를 받은 자의 의무라고 하는 측면이 강조되고 있는 것이다.[16)]

이와 같은 국가의 이념에 따른 약간의 차이나 정보통신기술의 발전에 따른 다소간의 변화가 나타나지만, 방송에 대한 각종의 규제는 대다수의 국가에서 법제화를 통해 뒷받침되고 있다.

인쇄매체와 전파매체 공히 민주사회에서 여론형성이라는 동일한 기능을 수행함에도 불구하고, 전파매체에 대해 유달리 강한 공정성 의무를 부과하는 이유는 기본적으로 방송사가 국가로부터 주파수를 할당받아야 운영할 수 있다는 데서 찾을 수 있다.

전통적으로 방송규제의 근거는 전파가 천연자원으로서 공공의 소유에 속하는 것이기 때문이라거나(전파 공공소유론), 전파가 희소한

---

14) MBC 편성국 방송연구팀, 〈영국의 방송구조와 정책〉, 1996.

15) Maunz-Dürig, Grundgesetz Kommentar, Verlag C. H. Beck, 1992, Band I, Abs.5.

16) 박선영, 《언론정보법연구 II》, 법문사, 2002, 21~23쪽.

자원이어서 주파수의 배정이나 할당이 제한적으로 이루어질 수밖에 없기 때문이라거나(전파희소성 이론), 혹은 다른 매체와는 달리 방송의 경우 그 영향력이나 침투력이 매우 강력하기 때문이라거나(매체특성론), 그 허가의 과정을 통해 국민이 사업자에게 신탁한 것이기 때문이라거나(신탁이론) 하는 식으로 설명되었다.[17]

하지만 오늘날 정보통신매체가 급격히 발전·분화되는 상황에서는 이러한 전통적 이론들이 점차 설득력을 잃고 있다. 이러한 상황의 변화에 따라 미국에서는 방송에 대한 규제를 한층 완화하고 있으며, 방송에 대해 강한 공적 책임을 부과해 공영방송체제를 고수해 온 영국과 독일에서도 1990년대 초부터 민영방송과 지역방송을 허가하면서 방송의 자유를 가능한 한 넓게 인정하기 위해 노력하고 있다.[18]

---

17) 박용상, 《방송법제론》, 교보문고, 1988, 145~153쪽.

18) 박선영, 앞의 책, 23~24쪽.

2. 선거방송의 자유와 공정성의 원칙

1) 선거방송의 자유

(1) 선거방송이란 텔레비전방송, 라디오방송, 데이터방송, 이동 멀티미디어방송 등 방송프로그램을 기획·편성 또는 제작하여 이를 공중에게 전기통신 설비에 의하여 송신하는 매체에 의해 이루어지는 선거 관련보도를 의미한다고 할 수 있을 것이다. 이를 간단히 말하면, 방송에 의한 선거 관련보도를 총칭하는 것으로 이해할 수 있다.

이러한 선거방송의 문제는 오늘날 민주주의체제의 유지와 관련되어 다양하게 논의되고 있다. 민주주의의 실현과 발전을 위해서 공공의 문제에 대해서 잘 아는 국민과 그러한 국민의 적극적인 정치참여가 전제되어야 하기 때문에 선거보도의 중요성이 강조되어온 것이다. 특히 선거과정에서 선거권자로서 국민들은 후보자의 자질이나 정책에 대해 이해하고 판단하여 투표에 참여해야 한다. 오늘날 선거에서 후보자의 자질이나 정책을 비롯하여 공공문제에 대해 국민을 계도하고 국민들의 적극적인 정치참여를 이끌어내야 할 임무를 부여받은 사회적 존재는 언론이다. 따라서 공공의 문제에 관한 언론보도의 질, 특히 선거보도의 질은 민주주의의 실현과 발전을 위해 대단히 중요하다.[19]

---

19) 이효성, "'선거보도 가이드라인' 제정을 위하여: 선거보도 개선을 위한 이론적 논의와 제언", 한국언론학회, 2002, 3쪽.

⑵ 선거방송의 자유는 방송국이 선거 관련방송을 자유롭게 할 수 있는 자유를 말한다. 이것도 정치적 표현의 자유의 한 형태이나, 표현의 자유 가운데서도 전파매체인 방송의 자유에 관한 문제이며, 상황적으로는 민주정치질서 형성의 가장 중요한 무대이자 공정경쟁이 강조되는 선거라는 상황에서의 방송의 자유이다.

이러한 선거방송의 자유에 관한 문제는 방송사나 일반인이 선거라는 시기에 방송매체를 통해 누리는 '정치적 표현의 자유'를 말한다. 그러나 유권자를 포함한 일반국민이나 정당을 포함한 후보자측이 선거방송과 관련하여 누릴 수 있는 자유는 방송을 매개로 한 간접적인 권리이지 직접적인 권리는 아니다. 결국 가장 중요한 주체는 방송사라는 언론기관이 된다.

이를 선거방송의 자유와 관련하여 살펴본다면, 유권자가 다양한 보도에 의해 충분한 정보를 얻고 그 정보를 바탕으로 선거에 임할 수 있기 위해서는 방송사는 가능한 한 충분한 정보를 유권자에게 제공할 의무가 있는 것이고, 정보를 전할 수 있는 방송사의 자유는 그 수단에 불과하다. 이렇게 보면 유권자는 방송이라는 공적 포럼에 액세스권을 가져야 한다는 주장이 자연스럽게 받아들여질 수 있다.

2) 공정성의 원칙

(1) 공정성의 의미에 대해 의견이 다양하게 전개되고 있다. 균형성(형평성), 객관성(중립성), 정확성(사실성)을 포함하는 넓은 개념으로 보는 견해도 있고,[20] 좁은 의미로 쓰는 경우도 있다. 좁은 의미의 공정성은 흔히 논쟁적인 문제를 다룰 때 모든 측면을 제시해야 한다는 것을 의미한다. 즉, 협의의 공정성은 형평성 내지 균형성을 가리키는 것으로 이해된다. 그런데 공정성의 개념이 넓어지면 선거방송자유의 영역이 축소되고, 이 경우 결과적으로 선거 본연의 목적을 달성하는 데 도움이 되지 않을 수 있다. 따라서 여기서는 공정성의 개념을 형평성 내지 균형성이라는 좁은 의미로 사용한다.

〈선거방송 심의에 관한 특별규정〉(제정 2000. 3. 17. 방송위원회규칙 제7호, 개정 2006. 1. 31. 방송위원회규칙 제88호)에서는 '공정성'이란 표제 아래 다음과 같이 규정하고 있다(규정 제5조).

> ① 방송은 선거에 관한 사항을 공정하게 다루어야 한다.
> ② 방송은 방송순서의 배열과 그 내용의 구성에서 특정한 후보자나 정당에게 유리하거나 불리하지 않도록 하여야 한다.

한편 동 규정 제6조는 '형평성'이란 표제 아래 다음과 같이 규정하고 있다.

> ① 방송은 선거방송에서 후보자와 정당에 대하여 공평한 관심과 처우를 제공하여야 한다.

---

20) 방송위원회, 〈제 15대 국회의원 선거방송 연구〉, 1996, 11쪽.

> ② 방송은 선거방송에서 선거가 실시되는 방송구역 내의 각 지역을 균형 있게 다루어야 하며, 여러 종류의 선거를 다룸에 있어 적절한 균형을 유지하여야 한다.

다만 2006년 1월 31일 개정된 동 규정은 제6조의2에서 '소수자에 대한 기회부여'에 대한 규정을 다음과 같이 두고 있다.

> 방송은 제5조 및 제6조의 규정에 따른 공정성 및 형평성을 유지하는 범위 안에서 소수자나 소외계층을 대변하는 정당 또는 후보자에게 출연기회를 부여할 수 있다.

(2) 공정성은 논조나 편성, 내용의 구성 등에서 특정한 후보자나 정당에게 유리하거나 불리하지 않도록 하는 것을 말한다. 〈선거방송 심의에 관한 특별규정〉은 엄격한 형평성을 요구하고 있으며, 이러한 원칙은 특집기획 프로그램(제8조), 시사정보 프로그램(제9조), 대담 · 토론의 중계(제12조), 여론조사의 보도(제17조), 연예오락 프로그램(제18조) 등에서도 관철될 수 있도록 배려하고 있다.

즉, 특집기획 프로그램은 선거기간중에는 선거와 직접 관련이 없는 경우에도 특정한 후보자나 정당에 유리하거나 불리하지 않도록 해야 하고(제8조), 선거법에 의한 선거방송을 제외한 다른 선거관련 대담 · 토론, 인터뷰, 다큐멘터리 등 시사정보 프로그램은 선거쟁점에 관한 논의가 균형을 이루도록 출연자의 선정, 발언횟수, 발언시간 등에서 형평을 유지하여야 하며(제9조), 선거와 관련하여 다른 언론기관 또는 단체 등이 개최하는 대담 · 토론 등을 다룰 때에는 형평을 유지하여야 한다(제12조). 또한 선거와 관련된 여론조사의 결과를 보도할 경우에도 그 조사의 공정성이나 정확성에 상당한 의심이 있을 때에는 이를 방송하지 못하고(제 17조 제 1항), 연예오락 프로그램에서 후보자 또는 선거 관련내용을 소재로 다룰 경우에는 후보자나 정당의 품위를 손상하거나 선거에 대하여 부정적으로 표현하여서는 안 된다(제 18조).

(3) 불공정할 우려가 있는 소지를 미리 배제하기 위하여 〈선거방송 심의에 관한 특별규정〉은 제작기술상의 균형(제 10조), 사실보도(제 11조), 균등한 기회부여(제 13조), 사실과 의견의 구별(제 15조), 출처명시(제 16조), 정당 등에 의한 협찬방송의 금지(제 19조), 후보자 출연 방송제한 등(제 20조), 광고방송의 제한(제 21조) 등의 규정을 두고 있다.

즉, 선거에 관련된 모든 프로그램은 음향과 음성, 촬영, 화면구성, 조명 등의 기술적 측면에서 후보자나 정당에 대하여 가능한 한 동등한 조건으로 제작하여야 한다(제 10조).

방송은 선거방송에서 유권자의 판단에 영향을 미칠 수 있는 중요한 사실을 과장·부각 또는 축소·은폐하는 등으로 왜곡하여 보도하여서는 안 되고(제 11조 제 1항), 방송은 선거결과에 대한 예측보도로 유권자를 오도하여서는 아니 되며, 실제결과와 예측이 다를 경우 지체 없이 이를 정정보도하여야 한다(제 11조 제 2항). 또한 방송은 선거와 관련한 보도에서 감정 또는 편견이 개입된 용어를 사용하여서는 아니 된다(제 11조 제 3항).

방송은 후보자를 초청하는 대담·토론프로그램의 경우 공정한 기준을 마련하여 후보자들이 균등한 참여기회를 가질 수 있도록 유의하여야 한다(제 13조 제 1항). 또한 편견 없는 뉴스가치 판단에 따른 뉴스의 보도에서도 전체적 형평을 유지하여야 하는바, 이 경우 뉴스라 함은 방송사가 편성한 정규뉴스 및 종합구성 형식 등의 프로그램에서 방송되는 보도기사를 말한다(제 13조 제 2항).

아울러 방송은 선거방송에서 사실보도와 해설·논평 등을 구별하여야 하며, 해설이나 논평 등에서도 사실의 전달과 의견을 명백히 구분하여야 하고(제 15조), 선거와 관련하여 확인되지 않은 내용을 보도하여서는 아니 되며, 특정개인이나 집단의 의견 또는 다른 매체의 보도내용을 인용할 때에는 그 출처를 밝혀야 한다(제 16조). 또한 정당 또는 후보자에 의한 협찬방송이 금지되고(제 19조), 선거일 전 90일부터 선거일까지 선거법의 규정에 의한 방송 및 보도·토론방송을 제외한 프로그램에 후보자를 출연시키거나(제 20조 제 1항) 후보자의 음성·영상 등 실질적인 출연효과를 주는 내용을 방송하거나 후보자를 보도·토론프로그램의 진행자로 출연시킨다든가(제 20조 제 2항) 혹은 후보자가 모델이 된 광고 및 후보자의 성명, 경력, 사진, 음성 또는 상징을 이용하는 등 후보자에게 선거운동효과를 주는 광고를 방송하는 것(제 21조)도 금지된다. 그와 아울러 특정한 후보자나 정당에 대한 지지를 공표한 자 및 정당의 당원을 선거기간중 시사정보프로그램의 진행자로 출연시키는 것도 금지된다(제 20조 제 3항).

3) 고려의 요소

(1) 위의 〈선거방송 심의에 관한 특별규정〉에 따르면 정치인은 보도 프로그램이나 토론 프로그램의 진행자, 또는 연속되는 프로그램의 고정진행자로 출연할 수 없으며, 가령 탤런트나 가수 등 연예인은 연속극이나 가요 프로그램 등에 출연할 수 없다. 또한 배우인 후보자가 출연한 영화의 방영, 후보자가 출연한 광고방송, 후보자 저서의 광고방송, 가수인 후보자의 노래방송, 작가인 후보자의 문학대담 프로그램 출연, 요리전문가인 후보자의 요리 프로그램 출연, 스포츠선수인 후보자가 출전하는 경기의 중계방송, 극작가인 후보자가 집필한 드라마의 방영, 정치인인 후보자를 주인공으로 묘사한 드라마의 제작방영 등도 금지될 수 있다.

이러한 규정들은 방송출연이나 방영 등에 따른 프리미엄을 막아 선거운동에서 공정한 경쟁을 확보하기 위한 불가피한 조치라고 할 수 있다. 만일 후보자가 광고방송에 출연한다든가 일반 방송프로그램에 출연하게 되면 직접적으로나 간접적으로나 후보자에 대한 홍보의 효과가 나타날 가능성이 크므로 자연히 여타 후보자와의 형평성 문제가 제기될 수밖에 없다. 이러한 이유로 캐나다 공영방송인 CBC의 경우는 선거에서 불편부당성을 확보하기 위해 정치적 색채를 띤 사람조차 그 색채를 완전히 탈피할 때까지 방송출연을 금하며, 미국도 레이건이 출연한 영화의 방영을 금지한 바 있다.

하지만 이러한 방송출연의 제한이나 후보자 관련프로그램의 방영금지는 방송국의 편성·제작의 자유, 시청자들의 알권리 등을 제약하는 측면이 있다. 특히 후보자 출연의 제한은 후보자 개인의 직업선택의 자유나 표현의 자유를 제한하는 결과를 가져온다.

따라서 방송출연의 제한은 방송국의 편성·제작의 자유, 시청자들의 알권리, 후보자 개인의 직업선택의 자유나 표현의 자유를 과도하게 침해하지 않도록 유의하여야 한다. 이와 관련하여서 준수하여야 할 헌법상의 요청으로 과잉금지의 원칙 내지 비례의 원칙이 있다. 이러한 관점에서 관련당사자들의 이해관계와 선거운동의 공정성 확보라는 공익적 요소를 비교형량하여 그 제한의 폭을 적절하게 정하는 것이 필요하다. 관련법익의 충돌을 상호 조화적으로 해결하기 위해서는 방송출연의 금지기간을 합리적인 수준으로 설정하는 것이 바람직하다.

(2) 입후보예정자의 방송출연과 관련하여 선거운동기간 이전의 정규 뉴스프로그램에 각 선거의 후보예정자들을 특별기자회견이란 명목으로 출연시키거나 인터뷰 방송하는 경우 공정보도의무에 위반하지 않도록 각별히 신경을 써야 한다. 가령 패널리스트는 중립적 인사로 선정하여야 할 것이며, 입후보예정자에게는 공평한 방법과 기회를 주어야 한다. 불공정성의 판단기준으로는 정견·정책이 아닌 인신공격성의 질문, 특정 입후보예정자에게만 특히 유리하거나 불리한 질문, 질문이나 답변의 횟수·시간·내용 등에서의 차별적 취급 등을 제시할 수 있을 것이다.[21)]

다만 누구를 대상으로 어떠한 내용을 취재·보도하느냐는 기본적으로 당해 언론기관의 자율에 속하는 사항이라 할 수 있다. 가령 기자회견에서 방송사를 대표해 패널리스트로 나서는 사람의 숫자나 자격, 그리고 입후보예정자별 질문횟수와 질문시간, 질문내용, 기

---

21) 이상 박희정, "선거방송의 자유와 규제", 서울대 석사학위논문, 1997, 83~87쪽 참조.

자회견의 내용을 기사화할 때 회견내용에 따라 입후보예정자별 지면배당 또는 기사의 양 등은 언론기관이 자율적으로 정할 수 있는 문제이다.

(3) 이와 관련하여 1995년 지방선거에서 선거기간중 TV방송사가 모든 후보자를 균등하게 참여시키지 않고 유력한 일부의 후보만을 대상으로 TV대담·토론을 실시하려고 하자, 이를 둘러싸고 공정성에 시비가 일었던 적이 있다. 이에 대해 당시 중앙선거관리위원회는 서울시의 경우 유력 후보자 3명만 TV토론에 참여시켜도 위법이 되지 않는다는 해석을 내린 바 있고, TV토론은 선거일 전날까지 각 방송사 양식에 따라 자율적으로 횟수에 관계없이 방송할 수 있다고 밝힌 바 있다.

또한 방송위원회도 "가능한 한 모든 후보자를 토론에 참여시키는 것이 원칙이지만, 인원이나 시간 등의 제한으로 부득이한 경우에는 유력후보자라는 객관적 근거를 제시하고, 소수의 후보자 토론도 가능하리라고 본다"며, "보다 명확한 해석은 곧 구성될 선거방송특위에서 마련할 계획"이라고 밝힌 바 있다. 그러나 토론에 참여하지 못한 일부 후보들은 균등기회부여를 규정한 방송위원회의 선거방송심의세칙 제 11조·제 12조 등을 들어 강하게 반발한 바 있다.

또한 대통령선거 방송토론위원회는 제 15대 대통령선거의 방송토론회의 진행과 관련하여 3회에 걸쳐 다자간 합동방송토론회를 개최하되, 초청대상 후보자는 원내교섭단체 보유 정당의 대통령후보자와 5개 이상의 중앙종합일간지와 3개 텔레비전방송사가 조사한 후보등록 이전 10일간의 여론조사결과 평균지지율 10% 이상인 후보자로 하며 다만 위 기준에 해당하지 않는 후보자에 대해서도 대

담·토론의 기회를 줄 수 있다고 결정하여 공표한 바 있다.[22)]

여기서 대상자 선정기준을 정함에 있어 가장 먼저 고려하여야 할 것은 평등의 원칙이다. 하지만 우리 헌법상 평등의 원칙은 일체의 차별적 대우를 부정하는 절대적 평등을 의미하는 것이 아니라 입법과 법의 적용에서 합리적 근거가 없는 차별을 하여서는 안 된다는 상대적 평등을 뜻한다. 따라서 합리적 근거가 있는 차별은 평등의 원칙에 반하는 것이 아니며, 선거운동의 기회균등원칙도 일반적 평등원칙과 마찬가지로 절대적이고 획일적인 평등 내지 기회의 균등을 요구하는 것이 아니라 합리적 근거 없는 자의적 차별 내지 차등만을 금지하는 것으로 이해하여야 한다.

이러한 합리적 차별의 기준으로서 방송토론회를 실시함에 있어 일반적으로 생각할 수 있는 것이 후보자의 당선가능성, 유력한 주요 정당의 추천을 받았는지 여부 및 후보자가 전국적으로 국민의 관심의 대상인지 여부 등이다. 그 중 당선가능성과 국민적 관심도는 공신력 있는 기관에 의하여 실시된 선거 전 일정기간의 여론조사결과에 나타난 후보자의 지지율에 의하여 파악할 수 있으며, 주요 정당인지 여부는 당해 정당의 소속 국회의원의 수로 쉽게 가늠할 수 있다. 특히 방송토론회의 기능이 우선은 유권자들의 선택에 도움을 주는 데에 있다는 점을 고려할 때 그 중 여론의 지지율의 중요성은 더욱 부각된다.

헌법재판소도 이러한 관점에서 방송토론회에 참석할 후보자를 당선가능성이 있는 적당한 범위 내의 후보자로 제한하는 것을 합리적 이유가 있는 차별로서 헌법상 정당화될 수 있다고 판단한 바 있

---

22) 성낙인, 《선거법론》, 법문사, 1998, 245~246쪽.

다. 그 구체적 논거를 살펴보면 다음과 같다.

> 다당제인 우리의 정치현실을 종합하여 보면, 토론위원회가 제시한 이 사건 초청후보자 선정기준은 최소한의 당선가능성과 주요 정당의 추천이라는 점에 기초하여 대담 · 토론기능의 활성화를 위하여는 적당한 소수의 후보자만을 초청하여야 한다는 요청과 선거운동에서의 기회의 균등보장이라는 서로 대립하는 이익을 적절히 비교형량한 합리적인 것으로서, '같은 것을 같게, 다른 것은 다르게' 취급하는 것이라 할 것이므로 도저히 자의적인 차별이라고 할 수는 없다. … 그렇다면 피청구인의 이 사건 결성 및 공표행위는 '같은 것을 같게, 다른 것은 다르게' 라는 평등원칙의 규준에 따른 것이라 할 수 있으므로, 그로 인하여 청구인들의 공무담임권이나 평등권이 침해되었다 할 수 없다.
>
> … 그리고 방송토론회에 참석할 후보자를 당선가능성이 있는 적당한 범위 내의 후보자로 제한하여 토론의 기능을 활성화시키는 것이 모든 후보자들을 참석케 하는 것보다 오히려 유권자들로 하여금 유력한 후보자들을 적절히 비교하여 선택하게 할 수 있는 실질적이면서도 유용한 정보를 제공하는 길이 되므로 국민의 알권리와 후보자 선택의 자유를 침해하였다는 청구인들의 주장 역시 이유 없다 할 것이다.[23]

23) 헌재 1988.8.27. 97헌마372, 398, 417(병합), 방송토론회진행사항결정행위등 취소에 관한 헌법소원.

3. 외국의 선거방송과 공정성모델

1) 미국의 선거방송

(1) FCC에 의한 방송규제

미국에서 선거방송은 연방통신위원회(FCC)와 같은 국가기구에서 규정한 원칙에 따라 실시되어야 한다. 그 대표적 원칙으로는 형평의 원칙(*fairness doctrine*), 동등시간의 원칙(*equal time rule*), 반론권 및 인신공격의 원칙(*right of rebuttal and personal attack rule*) 등이 있다. 이러한 원칙들에 위반하여 선거방송을 하는 경우 법규위반에 따른 공적 제재가 수반된다.

따라서 FCC는 미국의 선거방송의 심의와 통제의 전권을 행사하는 기관이라 할 수 있고, 모든 방송은 그 지침에 따라야 한다. FCC는 대통령이 상원의 인준을 받아 임명하는 상근위원 5인으로 구성되며, 동일한 정당의 위원이 3인을 초과할 수 없도록 하여, FCC가 일당의 독점을 피하고 행정부의 압력을 막고 소신 있는 집행을 할 수 있도록 상원의 동의를 거치도록 하였다.

(2) 선거방송의 원칙

① 형평의 원칙

형평의 원칙(*fairness doctrine*)은 공적 이슈에 대해 상반된 견해가 있을 때 공평하게 방송시간을 제공하고 특히 쟁점에 대한 반론의 기회를 부여하도록 한 것이다. 다시 말해 공익에 따라 방송국을 운영해야 하는 방송사업자는 공적 관심사에 적절히 방송시간을 분배해야 하고, 방송시간은 반대의 견해를 공평하게 반영될 수 있도록 배려할 의무가 있으며, 이런 의무의 불이행은 허가갱신의 거부사유가 된다는 것이다. 그 적용범위는 일반보도내용, 각종 프로그램, 광고, 공직후보자들의 선거운동을 포괄한다.

이러한 형평의 원칙은 1927년 무선법(Radio Act) 제 3조에 의거하여 설치된 연방무선위원회(FRC)의 방송행정에서 출발하였다. 당시에는 형평의 원칙이라는 개념은 없었고, 동법 제 4조에 명시된 '공공편의, 공공이익 또는 공공의 필요성'이 그 기준이었다. 그후 이 원칙은 1934년 연방통신법(Federal Communications Act)에 계승되었다가, 1959년의 연방통신법 개정시 제 315조(a) 동등기회규정에 그 정신이 반영되었다. 연방통신위원회(FCC)의 재결을 통해 보통법상 인정되어온 형평의 원칙은 이 규정에 의해 법적으로 승인을 받게 되었던 것이다. 그러나 통신법 제 315조에 의해 직접 규율되는 범위 밖에 있는 형평의 원칙은 법적 제재와 자율규제의 중간영역에 있다고 본다.

하지만 집행과정에서 아주 모호하고 포괄적이라는 반대의견이 제시되고, 1949년 '방송면허 취득자의 논평문제'에 관한 보고서가 제출된 이후 구체적 내용으로 개정되었다. 미국 FCC가 형평의 원칙이라고 규정상 명시한 것도 이 시기이다. 이러한 규정에 따라 모든 방송사업자는 논평방송을 할 경우에는 공적인 관심사에 적절한 방송시간을 배분해야 하고, 방송시간은 반대의견이 정확하고 공평하게 반영될 수 있도록 배려해야 한다는 의무를 부과하였다.

하지만 형평의 원칙에 대해 방송사업자의 표현의 자유를 억제한다는 여론이 일기 시작하였다. 이 원칙으로 말미암아 방송사들이 논쟁적인 이슈를 다루는 것을 꺼리게 만들어 종국에는 이슈의 공론화가 이루어지지 않도록 한다는 데 문제가 있었다. 이에 따라 미국 방송사협회는 "형평의 원칙은 언론의 자유를 보장하고 있는 수정헌법 제1조에 명백히 위배된다"고 주장하면서 "정보기술의 발전과 위성방송 및 케이블TV의 보급 등으로 정보미디어가 다양화됨에 따라 형평의 원칙을 뒷받침하는 '전파의 희소성'의 개념도 모호해지고 있다"는 점을 지적하였다.

이에 대해 1985년 FCC는 '형평의 원칙' 보고서를 의회에 제출하면서 "형평의 원칙은 정책적 문제로 더 이상 대중의 관심에 기여하지 못하고 있다"고 하면서 "다양한 목소리가 전달되는 자유로운 사상의 공론장에서 정부가 방송의 내용에 개입하는 것은 방송사업자의 표현의 자유를 침해하는 행위"라는 의견을 제시하였다.

마침내 1987년 레이건 대통령이 임명한 친기업적이고 자유방임주의 성향이 강한 위원들이 주도하는 FCC는 케이블방송의 도입으로 인해 전파의 희소성 문제가 의미가 없어졌다고 선언함과 동시에 이슈문제에 대한 방송의 활발한 보도를 기대하면서 이 원칙을 폐기하였다.

이후로 이를 부활시키려는 노력들이 있었으나, 법원은 FCC의 결정이 합법적임을 확인시켜 주었다. 그러나 형평의 원칙이 폐기되었음에도 불구하고 미국의 방송사들은 여전히 양쪽의 의견을 공정하게 다루려고 노력하고 있다.

② 동등시간의 원칙

미국 연방통신법 제315조는 '동등시간의 원칙(*equal time rule*)'

또는 '동등기회의 원칙(*equal opportunity rule*)'을 규정하고 있다. 즉 방송국이 "법적 자격을 갖춘 공직후보자 가운데 어느 한 사람에게 방송시설을 이용할 기회를 주었다면 다른 후보자에게도 같은 기회를 줄 것"을 의무화하고 있다. 이러한 동등기회규정은 주로 경쟁관계에 있는 공직후보자간에 동등한 방송기회부여에 관한 문제이고, 형평원칙은 주요한 공적 사안을 공적하고 적절하게 다루어야 하는 방송국의 의무에 관한 문제이다.

이러한 동등기회원칙은 경쟁후보자간에만 적용된다. 후보를 지지하는 제 3자의 출연은 상대후보 아닌 상대후보를 지지하는 제 3자간에 적용된다. 유료프로그램에 대한 동등시간 무료 제공의무가 없다. 텔리텍스트와 같은 전자적 자료송신과정에도 적용이 없다. 동등기회원칙은 법적 자격을 갖춘 공직후보자간의 문제이다. 이는 현직후보자의 경우 공식적인 입후보선언을 늦춤으로써 상대방에게 동등기회를 허용하지 않고 수시로 방송매체에 등장할 수 있는 이득을 주는 문제점을 노정시켰다.

이런 문제점에 대해 제 315조를 악용, 출마선언을 하지 않고 출연기회 확보전략을 구사하는 경우 제재나 감시를 게을리 하는 방송사의 경우 면허갱신에 영향을 미친다. 즉, 제 315조는 기회평등을 보장할 뿐이고 액세스를 보장하는 것은 아니지만 제 312조(a) (7) 에서는 이른바 합리적 접근원칙(*reasonable access rule*)이라고 하여, 입후보자가 방송국을 정당하게 이용하는 것을 고의적으로 또는 반복하여 거부하는 경우 방송사업의 면허를 취소할 수 있음을 규정하고 있다.

하지만 다음의 경우는 방송설비의 정치적 사용에 해당하지 않아 동등기회 적용을 받지 아니한다. ① 순수한 뉴스보도(*bona fide newscast*), ② 순수한 뉴스인터뷰(*bona fide news interview*), ③ 순수한 현장취재뉴스(*on-the-spot coverage of bona fide news event*), ④ 순수한 뉴스다큐멘터리(*bona fide news documentary*)에 출연하는 경우 등이 그것이다.[24)]

다만 순수한 뉴스보도 조항의 경우 뉴스의 중요성에 비해 지나치게 오랜 시간을 방송했을 경우에는 예외가 인정되지 않고, 순수 뉴스인터뷰 조항에서도 선거에 임박해서 임시 편성된 프로그램의 경우는 예외에 해당하지 않으며, 순수 뉴스 다큐멘터리 조항과 관련하여서도 후보가 주제에 부수적이어야 하고 종속되는 역할만을 맡아야 한다.

③ 반론권과 인신공격의 원칙

인신공격의 원칙이란 논란이 되는 공공의 문제를 토론하는 과정에서 개인이나 집단의 정직성, 인격, 성실성을 공격하는 방송을 한 경우, 방송국은 그러한 공격이 있은 지 일주일 이내에 공격을 당한 개인이나 집단에 통고하고, 이들이 그에 응답할 수 있는 합당한 방송기회를 제공해야 한다는 원칙이다.

사실 이러한 내용은 형평의 원칙의 일부분이라 할 수 있는데, 이는 1969년 레드라이온 방송(Red Lion Broadcasting Company, WGCB) 사건이 직접적 계기가 되어 제기되었다. 이 사건에서 방송을 통해 인신공격을 당한 원고가 방송사측에 무료반론의 시간을 요청하였으나 거절당하자 소송을 제기하였다. 이에 대해 대법원은 개인이나 집단을 공격하는 프로그램을 방송한 방송사들은 반론을 위

---

24) 문철수, "대통령선거 취재와 보도", 한국언론연구원 연구보고서, 1997, 45쪽.

한 무료시간을 제공할 의무가 있다고 판결하면서, "의회와 FCC가 방송사들로 하여금 인신공격과 정치사설에 대한 반론시간을 주도록 요구한 것은 수정헌법 제1조를 침해하지 않는다"고 밝혔다.

이에 따라 어떤 방송사가 특정개인이나 집단을 공격했을 경우 공격이 있은 후 1주일 이내에 공격을 당한 개인이나 단체에 방송날짜와 시간 그리고 방송사명, 공격내용에 대한 테이프나 대본, 방송사에서 제공하는 방송날짜와 시간을 통보하도록 의무화되었다. 다만 방송내용 가운데 외국의 단체나 공인, 선거와 관련한 대변인이나 공직후보자 또는 선거운동후보자와 관련된 인물에 의한 공격은 대상에서 제외된다. 그러나 정확히 언제 반론이 방송되고 얼마만큼 시간이 할당되어야 하는지는 방송사에 맡겨진다.

하지만 이 원칙은 견해와 신념에 대한 공격, 능력과 지식에 대한 공격, 범죄행위에 대한 고발 등의 경우에는 적용되지 않는다. 이러한 인신공격의 원칙은 형평의 원칙이 폐지된 지금도 여전히 유효하게 살아 있다.[25]

---

25) 이상 권혁남, "선거환경 변화에 따른 효과적 선거방송 운영방안 연구", 〈공정 선거방송 모델 연구〉(방송위원회 정책연구 2002-1), 2002. 5. 22~29쪽 참조.

2) 영국의 선거방송

(1) ITC에 의한 방송규제

영국에서 특정지역의 선거와 관련하여 후보자가 출연하는 프로그램을 방송하기 위해서는 그 지역구 후보자 전원의 동의가 있어야 한다(Representation of People Act 1983 제93조 제1항(b)). 정당간의 시간배분은 주요정당의 영수와 방송기관의 대표간의 합의(정치방송위원회: The Committee on the Political Broadcasting)로 결정되고, 주로 이전 선거의 득표율에 따라 배정한다. 물론 1987년에는 정당간 합의가 이루어지지 않아 방송규제기구가 직접 방송시간을 할당한 적도 있다.[26] 뉴스보도의 시간은 방송사의 자율에 맡기나, BBC나 상업방송국(IBA: Independent Broadcasting Authority)은 뉴스보도의 시간을 배분하는 데도 앞의 기준을 참고하고 있다.

1990년의 방송법(Broadcasting Act)은 1981년의 방송법에서와 마찬가지로 정치단체에 의한 광고방송이나 정치목적의 광고방송을 일반적으로 금지하고 있다(제8조 제2항). 그 대신 정당정견방송과 정당선거방송이 BBC나 IBA의 설비를 이용해 실시되어 왔다.

한편 지역채널, 채널3, 채널4의 경우는 면허조건에 정당의 편집에 의한 정견방송의무가 포함된다(제36조 제1항). 채널5에도 정견방송의무를 부과할 수 있다(제36조 제2항).

상업텔레비전위원회(ITC: Independent Television Commission)는 어떤 정당에게 어느 정도 방송을 허락할 것인지에 대해 광범한 규칙제정권과 개별재량권을 부여받고 있다(제36조 제3항). 이에 따

26) 김영석, 〈케이블TV 심의제도 비교연구〉, 종합유선방송위원회, 1993. 11. 43쪽.

라 ITC 프로그램규약(Program Code)에서는 ① 뉴스프로그램내용 등에서 정확성과 공정성을 지켜야 하고, ② 정치적 논쟁 등에서 특정의견이나 견해를 지나치게 강조해서는 아니 된다는 두 가지 원칙을 정하고 있다(제 6조 제 1항(c)).

ITC 프로그램규약 제 3조 제 7항은 방송드라마에서도 정치적 공정성을 요구하며, 제 8항은 선거에서 후보자는 뉴스진행자, 앵커, 시사토론프로그램 진행자로 등장할 수 없도록 정한다. 케이블TV 운영자가 자신의 정치적 견해를 표현하기 위해 프로그램을 사용하는 것은 금지되며, 다른 견해를 지닌 정치집단의 접근허용과 프로그램할당을 요구받고 있다.

방송으로 인하여 피해를 입은 당사자는 방송불만위원회(BCC: Broadcasting Complaints Commission)[27]에 제소하여 구조를 받도록 함으로써 실제 반론권이 인정되는 것과 같은 효과를 도모하고 있다. 사실적 잘못에 대한 불만제기뿐만 아니라, 적절한 반론기회를 주지 않은 데 대한 불만제기도 널리 인정된다.[28]

(2) 선거방송의 기본원칙

영국의 선거방송은 정당간의 균형과 불편부당성을 유지하고, 유권자들에게 정보를 주고, 교육시키고, 오락을 제공하는 데 중점을 두고 있다. 그리고 무료로 정당의 정치방송을 허용하는 것이 특징이다.

선거캠페인방송은 BBC의 오랜 전통이라 할 수 있는 스톱워치

27) BCC는 1996년 방송법에 의해 1997년 4월부터 BSC(방송기준위원회)로 통합됨.

28) G. Robertson and A. Nicol, Media Law (3rd ed), 1992, pp. 545~559.

균형성(*stopwatch balance*)의 개념을 따르고 있다. 이 개념은 모든 정당에게 똑같은 시간을 할애하는 것이 아니라, 정당의 의석이나 영향력에 비례하여 시간을 비율적으로 할애하는 것을 의미한다.

무료 정당정치방송(PPBs: Party Political Broadcasts)은 선거기간이 아닌 동안에 실시하는 정치방송으로서 그 시간의 할당은 1947년 창설된 정치방송위원회(CPB: Committee on Political Broadcasting)에서 결정한다. 이 기구는 방송사와 정당의 고위간부들로 구성되며, 정당정치방송(PPBs)과 정당선거방송(PEBs: Political Election Broadcasts)의 시간을 할당한다. 정당선거방송(PEBs)은 공식적인 선거기간 동안에만 실시하는 정치방송으로서 1990년 방송법에 의해 주요 공중파방송채널인 BBC1, BBC2, Channel3, Channel4에 대해 실시의무가 부과되었다.

정치방송위원회(CPB)는 방송사와 협의하여 의회의 의석, 후보의 수, 여론조사에서의 순위 등에 기초하여 노동당, 보수당 등 주요 정당뿐만 아니라 자유민주당과 기타 소수정당에게도 시간을 할당한다. 하지만 1992년 총선에서는 이러한 스톱워치의 원리는 시간의 균형성보다 뉴스의 가치가 더 우선되어야 한다는 강력한 반발에 부닥치게 되었다.[29)]

29) 이상 권혁남, "선거환경 변화에 따른 효과적 선거방송 운영방안 연구", 30~32쪽 참조.

3) 독일의 선거방송

(1) 선거방송의 원칙

독일에서도 선거방송은 공정성과 균형의 원칙에 입각하여 실시되어야 하며, 그에 위반할 경우 공적 규제가 가능한 것으로 이해되고 있다. 선거방송에서 요청되는 공정성과 균형의 원칙은 연방헌법재판소에 의해 확립되었다. 가령 1962년 헌법재판소는 공영방송이 선거기간 중 중립적이어야 하며, 정당에게 평등한 기회를 보장해야 한다고 판결하였다.30)

하지만 이것이 방송에 대해 완전히 평등한 액세스를 보장하는 것은 아니며, 집권의 가능성이 있는 정당에게는 라디오와 텔레비전에서 의견발표의 기회를 더 줄 수 있도록 하고 있다. 즉, 기본법 제5조의 해석상 방송기회의 할당에서 정당의 상대적인 힘을 고려할 필요가 있다는 것이다. 여기에는 지난 선거의 득표상황은 물론이고 최근의 중요한 사정변경까지 고려된다. 다만 헌법재판소는 앞의 판결에서 3개의 주요 정당(CDP, SPD, FDP)이 방송시간의 대부분을 점할 수 있음을 강조하면서도, 군소정당이 액세스에서 아주 배제되어서는 안 된다는 점을 분명히 했다.

이러한 원칙에 입각하여 방송시간을 구체적으로 배분하는 것은 주의 방송규제기구에 의해 결정되며, 프로그램의 편성에 관한 방송사의 자율성이 존중된다.31)

---

30) BVerfGE 14, 121 (1962).

31) 에릭 바렌트, 김대호(역), 《세계의 방송법》, 한울아카데미, 1998, 220~227쪽 참조.

(2) 자율적 규제기구

독일방송에서는 방송의 공정성을 심의하기 위해 방송사의 최고 기구로 방송참의회(Rundfunkrat)나 행정위원회(Verwaltungsrat) 등을 두고 있다. 그 구성은 정당이나 교회나 사회단체를 대표한 위원들로 구성된다. 이 같은 정당, 사회단체에 의한 방송의 공적 통제는 방송이 모든 관련사회단체들이 방송사에 영향력을 행사하고 전체 프로그램에 의사를 표현할 수 있도록 보장하고 있는 데에 근거하고 있다.[32)]

각주의 공영방송설치법은 방송참의회의 구성에 관해 참가정당, 교회, 기타 사회단체의 명칭과 그 인원까지 구체적으로 명기하고 있다. 여기서 정당대표의 수는 다시 주의회 의석에 비례하여 배분된다. 방송에 관한 정책결정과 관련하여 결정적 역할을 하는 것은 대개 방송참의회에서 과반수의 3분의 2 정도를 차지하는 사회단체들이다. 이때 어떠한 사회단체를 중요한 사회단체로 보느냐에 따라 정당간의 이해관계가 얽히게 된다. 즉 보수적인 기민당의 경우 교회나 사용자단체를 선호하는 반면, 독일노동운동에 이념적 기반을 두고 있는 사민당의 경우 노조나 진보적 사회단체와 연대하고 있다.

이처럼 독일의 공영방송은 그 조직상 주정부를 형성하는 정당이 방송참의회에 참가하는 사회단체와의 이해관계 결합으로 각 주의 방송이 주정부 정당의 직간접적 통제하에 놓일 개연성이 높다고 할

---

32) Berg, Klaus / Helmut Kohl / Friedlich Kübler (편), 연방헌법재판소 12, 205, Hochstrichterliche Rechtsprechung zum Presse- und Rundfunkrecth, Konstanz, 1992.

수 있다. 하지만 발달된 정당정치제도하에서의 정당이란 모든 중요한 정치적, 이념적, 사회적 세력의 대표이고, 의회에서의 정당의석비례에 의한 방송참의회의 구성은 국민의 투표에 의해 선출된 대표의 비율을 반영하고 있기 때문에, 이 같은 방송에 의한 각 정당의 영향력 행사가 의회민주주의의 틀 안에서 그 공정성을 확보할 수 있다고 보고 있다.

사실 특정한 주의 집권정당이 그 주 내의 방송국 인사나 조직에 일방적으로 개입하거나 영향을 행사하기 어렵다. 그 이유는 각 주별로 정당의 세력분포가 다르기 때문에 가령 사민당 집권 주에서 사민당이 야당인 기민당의 반대에도 불구하고 파당적인 무리수를 강행한다면, 기민당 집권 주에서 똑같은 경우를 야당인 사민당이 감수하지 않을 수 없기 때문이다.

이상에서 살펴본 바와 같이 독일방송에서의 공정성원칙의 가장 큰 특색은 무엇보다도 방송의 형식적 중립성을 통해서가 아니라, 각 정당의 이해가 그 세력분포에 따라 방송을 통해 적극적으로 표현되는 것을 통해 실현되고 있는 데서 찾을 수 있다.[33]

---

33) 이상 유근호, 〈선거방송 기능의 확대와 공정성 확보방안 연구〉, '92 방송문화진흥회 연구보고서, 1992. 12. 57~59쪽.

4) 프랑스의 선거방송

(1) 프랑스의 선거는 완전한 공영제이기 때문에 정당은 무료로 라디오나 텔레비전에 나가 정견을 발표할 수 있다. 그러나 선거기간 동안 정치광고는 금지된다. 그러나 선거에 출마한 모든 후보는 방송을 이용할 수 있는 동등한 접근권을 가진다. 이러한 균형성의 원칙이 적용되는지는 시청각최고위원회(CSA; Conseil Supérieur de l'Andiorvisuel)가 감시한다.

원래 선거방송은 1986년 이후부터 언론자유국가위원회(CNCL: Commission Nationale de la Communication et des Libertés)의 엄격한 지침에 따라서 운영되어 왔다. 일반대표성을 가진 중립적 인사로 구성되는 CNCL은 공영방송체제를 유지하는 데 중심적 기능을 수행하는 기구로서, 선거시에는 선거방송의 원칙을 정하며, 정당과 사회단체가 선택할 수 있는 방송의 종류, 그들에게 할당되는 방송시간, 날짜, 시간대, 횟수, 지속시간, 실행방법으로 스튜디오장비, 녹음시간, 방송방법, 특히 방송될 순서까지 정할 수 있었다.[34]

하지만 이러한 CNCL은 1989년 1월 시청각최고위원회(CSA; Conseil Supérieur de l'Andiorvisuel)로 바뀌었다. CSA의 위원은 대통령, 상원의장, 하원의장이 각각 3명씩 추천하며, 그 임기는 6년이다. CSA는 종래의 CNCL에 비해 권한이 약화되었지만, 허가받은 방송사에 대해 강력한 벌칙을 내릴 수 있으며, 선거방송의 공정성에 대한 감독과 제재기능을 수행한다.[35]

---

34) 위의 보고서, 61쪽 참조.

35) 에릭 바렌트, 김대호(역), 《세계의 방송법》, 한울아카데미, 1998, 38~39쪽 참조.

⑵ 프랑스 선거방송이 준수해야 할 원칙은 기본적으로 다원주의의 원칙, 형평성의 원칙, 평등성의 원칙을 들 수 있다. 이 가운데 다원주의의 원칙은 전반적으로 적용되지만, 형평성의 원칙은 예비선거의 기간에, 평등성의 원칙은 공식선거의 기간에 상대적으로 더 강조되는 경향이 나타난다. 이들 원칙의 내용에 관해 살펴보면 다음과 같다.

첫째, 선거기간이 다가오면 CSA는 선거의 종류에 따라 다원주의의 존중에 관한 조건들을 명시한다. 라디오와 텔레비전을 통한 선거방송이 공정한 투표를 이끌어낼 수 있도록 하기 위하여 선거방송의 특성을 감안해서 정치대담프로그램의 다원성을 강조하는 것이다. 선거기간에는 CSA가 이의 준수를 방송사에 권고할 수 있다. 이러한 다원주의의 원칙은 가장 기본적인 요청으로서 선거운동기간 동안 전반적으로 적용된다.

둘째, 예비선거의 기간 동안 CSA는 각 방송사에게 특히 후보자들간의 형평성에 유의하기를 주문하고 있다. 이때에는 특정후보에 관한 사항이나 특정후보를 지지하는 내용을 다루는 경우 순수한 뉴스보도 프로그램은 물론, 오락성 프로그램 기타 형식의 프로그램에서도 형평성의 원칙을 준수하여야 한다. 이 원칙과 관련하여서는 발언의 시간을 어떻게 배분하느냐만 중시하는 것은 아니고, 오히려 방송사의 편성의 자유를 존중하는 가운데 다원성의 확보라는 관점에서 후보자들에게 방송에 출연할 수 있는 기회를 공평하게 보장하는 데 초점이 맞추어진다. 후보자마다 각기 다른 평판과 대표성을 지니고 있기 때문에 후보자들을 모두 동등하게 취급하도록 강제하지는 않는다.

셋째, 공식적인 선거운동기간 동안에는 예비선거 때 준수해야 했던 형평성의 개념 대신에 평등성의 원칙이 준수되어야 한다. 평등성의 원칙이란 공영이든 민영이든 텔레비전과 라디오방송의 프로그램에서 후보자들이 완전히 평등하게 다루어져야 한다는 것을 말한다. 특히 대통령선거의 경우 공식적인 선거운동기간 동안 후보자의 방송출연에 관한 사항을 법규로 엄격히 정하고 있다. 하지만 CSA는 순수한 뉴스보도프로그램에서 방송사들이 당선가능성이 높은 후보들에게 우선권을 부여하는 것을 금지하지는 않았다.

(3) 선거기간이 아닌 시기에는 3등분의 원칙(*regle des trois tiers*)이 적용된다. 이 원칙은 전체 보도시간을 3등분하여 정부와 여당, 야당에 균등하게 할애하여야 한다는 것을 말한다. 선거운동기간이 아닌 때에도 프랑스의 모든 방송사가 이를 준수하지 않으면 CSA의 제재조치를 받을 수 있다.[36)]

36) 이상 권혁남, "선거환경 변화에 따른 효과적 선거방송 운영방안 연구", 33~38쪽 참조.

제 3 장
선거방송 심의제도의 도입과 운영현황

1. 선거방송 심의제도의 도입배경

언론의 본질적 기능과 역할은 권력을 감시·견제하는 데 있다. 따라서 신문과 방송은 정치권력과 유착관계도, 적대관계도 아닌 긴장관계를 유지하는 것이 바람직하다. 그런데 우리의 언론은 군사정권과 유착관계를 유지함으로써 독재정권의 영속화에 기여했던 불행한 역사를 가지고 있다. 1987년 6월항쟁 이후 언론의 환경이 많이 개선되어 언론이 차츰 본래의 기능과 역할을 찾아가고 있지만, 아직도 신문이나 방송이 권력이동에 예민한 촉각을 곤두세우고 있다는 점을 부인하기 어렵다.

대부분의 신문사는 소유구조가 창업자 및 그 일가에 집중되어 있고 편집권과 경영권이 분리되지 않아 현실적으로 사주가 신문제작에 막강한 영향력을 행사하고 있는 상황이다. 또한 방송은 권력으로부터 완전히 독립되지 못하고 있다. 정권이 바뀔 때마다 정치실

세들이 경영 · 편집간부에 대한 인사권을 장악함으로써 보도 · 논평에 관해 상당한 영향력을 미쳐온 것을 부인하기 어렵다.

과거에는 대부분의 매체들이 집권여당의 후보를 노골적으로 지지하였기 때문에 매체들이 경쟁적으로 편파보도에 매달리지는 않았다. 하지만 최근 들어 매체마다 여야의 정당을 달리하면서 특정후보를 지지하는 상황이 전개되면서 편파보도와 왜곡보도의 폐해가 극에 달하게 되었다. 여론조사결과 특정인에 대한 지지도가 떨어지면 보도하지 않고 지지도가 올라가면 그것을 과장하여 보도하는가 하면, 특정인의 득표율을 끌어올리려는 의도로 여론조사결과를 왜곡하여 보도하는 일까지 서슴지 않았다. 이러한 보도행태는 국민의 대표성을 훼손한다는 의미에서 심각한 문제가 아닐 수 없었다.

이 문제는 시민사회에 언론개혁이라는 중대한 과제를 던졌다. 그래서 언론개혁시민연대라는 시민단체의 연대단체가 탄생하는 계기가 되었던 것이다. 한편 언론의 눈치를 보아오던 정치권도 불공정한 선거보도의 폐해를 심각하게 인식하고 규제의 필요성을 제기했다.

그런데 과거부터 〈방송법〉에는 방송위원회 산하에 심의위원회가 설치 · 운영되고 있었기 때문에 방송의 내용상 공정성을 심의하는 제도적 장치는 이미 마련되어 있었던 셈이다. 하지만 당시 방송위원회가 정치권의 영향력으로부터 자유롭지 못하다는 인식이 완전히 불식되지 못했던 관계로 선거방송을 전담할 별도의 심의기구를 설치 · 운영할 필요성이 제기되었다.

결국 1997년 11월 14일의 〈공직선거 및 선거부정방지법〉 개정으로 선거방송 심의위원회가 법정기구로서 제도화되기에 이르렀다(제8조의 2). 이러한 선거방송 심의제도는 공정성의 통제모델 가운데 공적 통제기구형에 속한다고 할 수 있지만, 선거방송을 전담하는 심의위원회의 설치는 세계적으로 유례를 찾아보기 어려운 것이라고 할 수 있다.

그 이후 선거보도심의제도는 일반 언론매체에도 확장되어 2000년 2월 16일의 동법 개정에서 선거기사 심의위원회(제 8조의 3)의 신설로 나타났다. 그리고 인터넷을 통한 선거보도의 공정성을 확보하기 위해 2004년 3월 12일의 동법 개정을 통해 인터넷 선거보도심의위원회(제 8조의 5)가 신설되었다.

2. 선거방송 심의제도의 법적 근거 및 내용

1) 선거방송 심의제도의 법적 근거

(1) 〈공직선거법〉상의 근거규정

〈공직선거법〉(일부개정 2007. 1. 3. 법률 제8232호) 제8조의 2에서는 선거방송 심의위원회, 제8조의 3에서는 선거기사위원회, 제8조의 5에서 인터넷 선거보도 심의위원회, 제8조의 4에서는 선거보도에 대한 반론청구, 제8조의 6에서 인터넷 언론사의 정정보도, 제8조의 7에서 선거방송토론위원회 등을 각각 규정하고 있다.

(2) 〈방송법〉상의 심의위원회 규정과의 관계

〈방송법〉(일부개정 2007. 1. 26. 법률 제8301호)은 방송편성의 자유와 독립(제4조), 방송의 공적 책임(제5조), 방송의 공정성과 공익성(제6조) 등에 관해 규정을 두고 있다. 특히 방송이 정부 또는 특정집단의 정책 등을 공표함에 있어 의견이 다른 집단에게 균등한 기회가 제공되도록 노력해야 하는 동시에 각 정치적 이해당사자에 관한 방송 프로그램을 편성함에 있어서도 균형성이 유지되도록 규정하고 있다(제6조 제9항).

한편 〈방송법〉은 제32조 제1항에서 방송위원회로 하여금 방송의 공정성을 심의·의결할 수 있도록 하고 있으며, 제33조에서 방송심의에 관한 규정의 제정·공표를 규정하고 있다. 나아가 제34

조에서는 방송위원회로 하여금 방송의 공정성 및 공공성에 대한 위원회의 심의를 효율적으로 수행하기 위하여 심의위원회를 둘 수 있도록 하고(제 1항), 심의위원회의 구성과 운영에 관하여 필요한 사항은 위원회규칙으로 정한다(제 2항).

이러한 〈방송법〉의 심의관련 규정상 방송위원회 산하의 심의위원회는 선거방송의 공정성까지 심사할 수 있는 것처럼 보인다. 실제로 방송위원회는 〈1992년 대통령 선거방송에 관한 기준 및 심의세칙〉을 제정한 바 있으며, 1996년 15대 국회의원총선거 당시에는 방송위원회 산하에 선거방송관련 특별심의위원회를 설지·운영하기도 하였다. 하지만 1997년의 〈공직선거법〉 개정에 의해 별도의 법정기구로서 선거방송 심의위원회가 신설되었기 때문에 방송위원회에서 선거방송에 관한 한 내용의 공정성을 심의할 수는 없는 것으로 보아야 한다.

따라서 선거방송의 공정성을 심사하는 문제에 관한 한 〈공직선거법〉 제 8조의 2는 〈방송법〉 제 34조에 대해 특별규정으로 이해되어야 할 것이다.

(3) 〈공직선거법〉에 의한 규율의 적합성

원칙적으로 선거와 관련한 사항들에 대해서는 〈공직선거법〉이, 방송에 관한 사항에 대해서는 〈방송법〉 기타 방송관련법에서 규율하는 것이 바람직하다고 할 수 있다. 그런데 선거방송은 선거와 방송이라는 두 가지 요소가 결합되어 있기 때문에, 어느 하나의 법률로써만 이를 규율하기 어려운 점이 있다.

기존의 〈공직선거 및 선거부정방지법〉은 2005년 8월 4일 개정되면서 〈공직선거법〉이라는 명칭으로 바뀌었다. 과거의 법률에서는 그 명칭에서 알 수 있듯이, 선거부정의 방지는 선거의 자유 내지 자유선거의 원칙에 못지 않게 전체 법규정의 내용과 체계를 관통하는 목적이 되고 있었다. 이러한 점에서 선거공정성의 확보라는 차원에서 선거보도의 공정성을 심의하는 제도가 동법의 규율대상이 되기에 이상한 점이 없었다.

하지만 최근 법률명칭의 변경에서 보듯이 〈공직선거법〉이 선거운동이나 선거관련활동에 대한 규제를 완화하는 방향으로 자리잡아 가고 있다. 그렇다면 이제 선거보도심의제도에 관한 사항은 〈공직선거법〉이 아니라 언론관련법에서 규율하는 것이 체계상 더 적합하게 되었다고 할 수 있다. 즉, 선거보도의 내용을 심의하여 시정 또는 제재를 할 수 있도록 하는 제도는 정치적 표현의 자유와 언론의 자유 내지 방송의 자유에 대한 제한적 조치로 이해될 수 있는 만큼, 언론이나 방송에 관한 기본법에서 이를 규율하는 것이 바람직하다고 할 것이다.

2) 선거방송 심의위원회

(1) 개관

선거방송 심의위원회는 1997년 11월 14일 〈공직선거 및 선거부정방지법〉이 개정되면서 동법 제 8조의 2에서 규정되었다. 이에 근거하여 동위원회는 1997년 제 15대 대통령선거 당시에 설치되어 활동한 이후, 1998년 제 2회 지방선거, 2000년 제 16대 국회의원총선거, 2002년 제 3회 지방선거, 2002년 제 16대 대통령선거, 2004년 제 17대 국회의원총선거에서도 설치 · 운영되었다. 가장 최근의 2004년 제 17대 국회의원총선거에서는 선거 120일 전인 2003년 12월 15일에 선거방송 심의위원회가 설치되어 선거일 30일 후인 5월 15일까지 운영되었다.

〈공직선거법〉 제 8조의 2에 따라 2000년 3월 17일 제정된 〈선거방송 심의에 관한 특별규정〉(방송위원회규칙 제 7호)에서는 선거에서 방송의 정치적 중립성 · 공정성 · 형평성 · 객관성에 준거하여 일반방송보도뿐만 아니라 여타 모든 방송프로그램에 있어서 이와 같은 기준을 준수하도록 규정하고 있다. 또한 같은 날(2000. 3. 17) 〈선거방송 심의위원회의 구성과 운영에 관한 규칙〉(방송위원회규칙 제 6호) 도 제정되어 있다.

(2) 법정기구로서의 선거방송 심의위원회

〈공직선거법〉은 방송위원회가 선거방송의 공정성을 유지하기 위하여 선거방송 심의위원회를 설치하여 운영할 것을 규정하고 있다

(법 제8조의2 제1항). 따라서 선거방송 심의위원회는 방송의 공적 책임을 다하기 위하여 방송위원회에 설치된 법정기구라고 할 수 있다. 물론 각 방송사 관계자들의 합의하에 별도의 위원회를 임의기구로서 설치·운영하는 방식이 언론자유의 최대한 보장이라는 요청에는 더 부합될 수 있을 것이다. 하지만 전술한 바와 같이 방송매체의 특수성에서 기인하는 방송의 공적 책임, 대중민주주의에서 관건적 요소가 되는 선거 자체의 공정성과 선거보도의 공정성 등을 감안할 때 이러한 선거방송 심의위원회의 법정기구화는 불가피한 측면이 있다고 볼 것이다.

아무튼 이러한 선거방송 심의위원회는 행정주체 내부에서 행정에 관한 의사결정 또는 판단을 할 수 있는 권한만을 가지고 대외적으로 표시할 권한은 없는 합의제행정기관에 속한다고 할 수 있다.

(3) 선거방송 심의위원회의 활동기간

〈공직선거법〉상 선거방송위원회는 임기만료에 의한 선거의 선거일 전 120일(대통령의 궐위로 인한 선거 또는 재선거에서는 그 선거의 실시사유가 확정된 때부터 20일)까지 설치하여 선거일 후 30일까지 운영하게끔 되어 있다(법 제8조의2 제1항).

(4) 선거방송 심의위원회의 구성

〈공직선거법〉상 선거방송 심의위원회는 방송사·방송학계·대한변호사협회·언론인단체 및 시민단체 등이 추천하는 자와 국회에 교섭단체를 구성한 정당[1]이 추천하는 각 1인을 포함하여 9인 이내의 위원으로 구성된다(법 제8조의2 제1항). 이에 따라 방송위원회는 추천단체와 추천정당에 추천을 의뢰하여 그 추천을 받은 인사를 심의위원으로 위촉한다. 위원장, 부위원장은 선거방송 심의위원회 규칙 제4조 제2항에 따라 위원 중 호선하고 있다.

한편 〈공직선거법〉은 선거방송 심의위원회의 구성과 운영 기타 필요한 사항은 방송위원회 규칙으로 정하도록 하고 있다(법 제8조의2 제7항). 이에 따라 제정된 〈선거방송 심의위원회의 구성과 운영에 관한 규칙〉(개정 2006. 1.24. 방송위원회규칙 제87호)에 의하면, 심의위원의 추천을 의뢰함에 있어 추천단체의 대표성과 전문성을 감안하여야 하며, 심의위원의 결격사유 등을 고지하여야 한다(규칙 제3조 제3항). 또한 방송위원회 위원장은 추천단체와 추천정당이 추천한 자의 심의위원 위촉 동의여부, 결격사유 유무 등을 확인한 후 방송위원회의 동의를 얻어 당해 선거방송의 심의에 필요한 기간을 정하여 심의위원을 위촉한다(규칙 제3조 제4항).

(5) 선거방송 심의위원회의 직무와 권한

선거방송 심의위원회는 선거방송의 정치적 중립성·형평성·객관성 및 제작기술상의 균형유지와 권리구제 기타 선거방송의 공정을 보장하기 위하여 필요한 사항을 정하여 이를 공표하여야 한다(법 제8조의2 제4항).

선거방송의 공정여부를 조사하여야 하고, 조사결과 선거방송의 내용이 공정하지 아니하다고 인정되는 경우에는 〈방송법〉 제100조

1) 2006. 1.24. 개정된 동규칙(방송위원회규칙 제87호) 제3조 제2항에서는 심의위원 추천정당을 "심의위원회 구성일 현재 국회에 교섭단체를 구성한 정당"으로 한정하고 있다.

제 1항 각호의 규정에 의한 제재조치 등을 정하여 이를 방송위원회에 통보하여야 하며, 방송위원회는 불공정한 선거방송을 한 방송사에 대하여 통보받은 제재조치 등을 지체 없이 명하여야 한다(법 제8조의 2 제 5항).

후보자 및 후보자가 되고자 하는 자가 선거방송의 내용이 불공정하다며 그 시정을 요구해올 경우 선거방송 심의위원회는 지체 없이 이를 심의 · 의결하여야 한다(법 제 8조의 2 제 6항). 만일 선거방송 심의위원회의 결정에 대한 제재조치에 따르지 아니할 경우, 2년 이하의 징역 또는 400만 원 이하의 벌금에 처하도록 규정하고 있다(제 256조 제 2항 제 3호).

임기만료에 의한 선거의 선거일 전 90일부터 선거일까지 방송에 공표된 인신공격, 정책의 왜곡선전 등으로 피해를 받은 정당이나 후보자는 그 방송이 있음을 안 날부터 10일 이내에 서면으로 당해 방송을 한 방송사에 반론보도의 방송을 청구할 수 있다. 다만 그 방송이 있은 날부터 30일이 경과한 때에는 그러하지 아니하다(제 8조의 4 제 1항). 반론보도청구를 받으면 방송사는 지체 없이 당해 정당, 후보자 또는 그 대리인과 반론보도의 내용 · 크기 · 횟수 등에 관하여 협의한 후, 이를 청구받은 때부터 48시간 이내에 무료로 반론보도의 방송을 하여야 한다(제 8조의 4 제 2항). 만일 협의가 이루어지지 아니할 경우 당해 정당, 후보자, 방송사는 선거방송 심의위원회에 지체 없이 이를 회부하고, 선거방송 심의위원회는 회부받은 때부터 48시간 이내에 심의하여 각하 · 기각 또는 인용결정을 한 후 지체 없이 이를 당해 정당 또는 후보자와 방송사에 통지하여야 한다. 이 경우 반론보도의 인용결정을 하는 때에는 반론방송의 내용 · 크기 · 횟수 기타 반론보도에 필요한 사항을 함께 결정하여야 한다(제 8조의 4 제 3항).

3) 기타의 선거보도관련 심의기구

(1) 선거기사심의위원회

① 도입 배경

1997년의 15대 대통령선거가 사상 유례없는 편파보도, 왜곡보도가 자행되는 가운데 지러졌다. 당시의 선거보도에 대해 심의대상이었던 것은 방송에 국한되었고, 신문은 그와 같은 심의기구의 통제를 받지 않았다. 하지만 신문의 경우도 여론조사결과 특정인에 대한 지지도가 떨어지면 보도하지 않고 지지도가 올라가면 그것을 과장하거나 특정인의 득표율을 끌어올리려는 의도로 여론조사 결과를 왜곡하여 보도하는 등의 사례가 많았다. 이런 보도행태는 국민의 대표성을 훼손한다는 의미에서 심각한 문제가 아닐 수 없었다.

이에 학계와 시민단체 등에서 신문에 의한 선거보도에 대한 심의제도를 도입해야 한다는 주장이 제기되었다. 결국 2000년 16대 총선거를 앞두고 국회는 〈공직선거법〉을 개정하여 선거방송과 마찬가지로 신문, 잡지 등 활자매체의 보도내용도 선거 때마다 언론중재위원회에 선거기사 심의위원회를 한시적으로 설치해서 심의하도록 하였다(제 8조의 3 제 1항).

② 구성

동위원회는 언론학계, 대한변호사협회, 언론인단체 및 시민단체 등이 추천하는 자와 국회에 교섭단체를 구성한 정당이 추천하는 각

1인을 포함하여 9인 이내의 위원으로 구성하도록 하고 있다(동조 제2항). 그밖에 선거기사심의위원회의 구성과 운영에 관하여 필요한 사항은 언론중재위원회가 정하도록 하고 있다(동조 제7항).

③ 직 무

동위원회는 정기간행물에 게재된 선거기사의 공정여부를 조사할 책무를 지는데, 조사결과 선거기사의 내용이 공정하지 아니하다고 인정되는 경우 해당기사의 내용에 관한 사과문 또는 정정보도문의 게재를 결정하여 이를 언론중재위원회에 통보하여야 하고, 언론중재위원회는 불공정한 선거기사를 게재한 언론사에 대하여 그 사과문 또는 정정보도문의 게재를 지체 없이 명하여야 한다(동조 제3항).

또한 동위원회는 반론보도청구사건에 대해 심의·의결하여 관련 당사자에게 통지해야 할 경우도 있다. 즉, 임기만료에 의한 선거의 선거일 전 90일부터 선거일까지 정기간행물에 공표된 인신공격, 정책의 왜곡선전 등으로 피해를 받은 정당이나 후보자와 반론보도청구를 받은 언론사간에 반론보도에 관한 구체적 사항에 협의가 이루어지지 아니하여 당해 정당, 후보자, 언론사가 동위원회에 이를 회부해올 경우 동위원회는 회부받은 때부터 48시간 이내에 심의하여 각하·기각 또는 인용결정을 한 후 지체 없이 이를 당해 정당 또는 후보자와 언론사에 통지하여야 하며, 만일 반론보도의 인용결정을 하는 때에는 반론보도문의 내용·크기·횟수 기타 반론보도에 필요한 사항을 함께 결정하여야 한다(제8조의4 제3항).

④ 운영현황과 문제점

〈공직선거법〉 제 8조의 3에 따라 16대 국회의원 선거보도를 심의하기 위한 선거기사 심의위원회가 설치되었고 선거일 전 120일부터 선거일 후 30일까지 활동하였다. 이 위원회는 당시 〈정기간행물의 등록 등에 관한 법률〉에 의해 전국에서 발행되는 6천여 종의 정기간행물 중에서 구독이 가능한 매체를 심의하였다.

그리고 2006년 6월 13일 제 3회 전국동시지방선거가 실시됨에 따라 활자매체의 선거보도를 심의하는 선거기사 심의위원회가 2월 14일~7월 13일 150일간 설치되어 활동했다. 이 위원회는 이 기간 중에 414개 정기간행물을 자체 심의하여 경고 12건, 주의 34건을 결정했다. 또 후보자의 시정요구 10건을 접수하여 처리하는 등 모두 56건을 처리했다.

17대 국회의원선거와 관련한 보도를 심의하기 위한 선거기사심의위원회는 2003년 12월 17일부터 2004년 5월 14일까지 150일간 운영되었다. 여기서 정기간행물에 관한 법에 의해 전국에서 발행되는 6,617종의 정기간행물 중에서 구독이 가능하고 선거기사를 게재하는 매체를 자체심의대상으로 삼았으며, 피해자의 시정요구에 대해서도 심의하였다.

그런데 선거기사심의는 어떤 형태이든지 정부개입이라는 점에서 정당성·필요성에 관한 논란의 여지가 있다. 언론자유를 침해할 소지가 있다는 주장이 가능한 것이다. 그럼에도 불구하고 그와 같은 문제가 적극적으로 제기되지 않았던 것은 선거관련왜곡보도가 워낙 심각하다는 공감대가 국민들 사이에 형성되어 있었던 때문으로 보인다. 하지만 자칫하면 언론의 자유를 침해하는 결과를 낳게 되므로, 동위원회의 권한과 운영의 측면에 있어서 세심한 주의를

요한다.

(2) 인터넷 선거보도심의위원회

① 도입 배경

선거법을 개정할 시점에는 인터넷매체에 대한 개념이 희박했다. 그런데 최근 들어 언론환경이 급변하여 인터넷매체가 뉴미디어로서 막강한 정치적 영향력을 행사하는 대중매체로 급부상했다. 〈공직선거법〉상 인터넷매체도 편집·취재·집필·보도를 하고 있다는 점에서 언론매체에 해당한다.

그런데 인터넷매체는 엄연히 언론활동을 하고 있고 선거기사를 활발하게 보도하고 있지만, 〈공직선거법〉 기타 관련법률에는 인터넷매체의 선거기사에 관한 심의규정이 없어서 편파보도·왜곡보도가 성행하더라도 심의의 대상으로 삼을 수 없는 문제가 있었다. 이에 따라 2004년 〈공직선거법〉의 개정을 통해 중앙선거관리위원회로 하여금 인터넷언론사의 공정성을 유지하기 위하여 인터넷 선거보도심의위원회를 설치·운영하도록 하였다(제 8조의 5 제 1항).

② 구성

인터넷 선거보도심의위원회는 국회에 교섭단체를 구성한 정당이 추천하는 각 1인과 방송위원회, 언론중재위원회, 학계, 법조계, 인터넷 언론단체 및 시민단체 등이 추천하는 자를 포함하여 중앙선거관리위원회가 위촉하는 11인 이내의 위원으로 구성된다. 여기서 정당의 당원은 인터넷 선거보도심의위원회의 위원이 될 수 없다(동조 제 5항).

위원의 임기는 3년으로 한다(동조 제2항). 동위원회에는 위원장 1인과 상임위원 1인을 두되, 위원장은 위원 가운데서 호선하고 상임위원은 중앙선거관리위원회가 동위원회의 위원 가운데서 지명한다(동조 제3항 및 4항).

인터넷 선거보도심의위원회의 사무를 처리하기 위하여 선거관리위원회 소속 공무원으로 구성하는 사무국을 두며(동조 제8항), 기타 동위원회의 구성·운영, 위원 및 상임위원의 대우, 사무국의 조직·직무범위 기타 필요한 사항은 중앙선거관리위원회규칙으로 정한다(동조 제9항).

③ 직 무

동위원회는 인터넷 선거보도의 정치적 중립성·형평성·객관성 및 권리구제 기타 선거보도의 공정을 보장하기 위하여 필요한 사항을 정하여 이를 공표하여야 하며(동조 제6항), 업무수행을 위하여 필요하다고 인정하는 때에는 관계공무원 또는 전문가를 초청하여 의견을 듣거나 관련기관·단체 등에 자료 및 의견제출 등 협조를 요청할 수 있다(동조 제7항).

동위원회는 인터넷언론사의 인터넷홈페이지에 게재된 선거보도의 공정여부를 조사하여야 하며, 조사결과 선거보도의 내용이 공정하지 아니하다고 인정되는 때에는 당해 인터넷언론사에 대하여 해당 선거보도의 내용에 관한 정정보도문의 게재 등 필요한 조치를 명하여야 한다(제8조의6 제1항).

정당 또는 후보자(후보자가 되고자 하는 자를 포함한다. 이하 이 조에서 같다)는 인터넷언론사의 선거보도가 불공정하다고 인정되는 때에는 그 보도가 있음을 안 날부터 10일 이내에 인터넷선거보도심의위원회에 서면으로 이의신청을 할 수 있다(동조 제2항). 이의신청을 받은 경우 동위원회는 지체 없이 이의신청대상이 된 선거보도의 공정여부를 심의하여야 하며, 심의결과 선거보도가 공정하지 아니하다고 인정되는 때에는 당해 인터넷언론사에 대하여 해당 선거보도의 내용에 관한 정정보도문의 게재 등 필요한 조치를 명하여야 한다(동조 제3항).

또한 인터넷언론사의 왜곡된 선거보도로 인하여 피해를 받은 정당 또는 후보자와 당해 인터넷언론사간에 반론보도협의가 이루어지지 않아 당해 정당 또는 후보자가 동위원회에 반론보도청구를 해온 경우 동위원회는 이를 심의하여 각하·기각 또는 인용결정을 한 후 당해 정당·후보자 및 인터넷언론사에 그 결정내용을 통지하여야 한다(제8조의6 제4항 내지 제6항).

④ 운영현황과 문제점

동위원회는 2004년 4월 15일에 실시된 제17대 국회의원총선거기간 동안 총 40건을 심의하였다. 위반내용별로는 여론조사 위반이 22건(55.0%)으로 가장 많았고, 그 다음으로 공정성 및 형평성 위반이 9건(22.5%), 사실보도와 인용보도 위반이 각 2건(5.0%)이었으며 위반내용이 없어 기각된 경우가 5건(12.5%)이었다.

한편 2006년 5월 31일에 실시된 지방선거에서는 45개의 인터넷언론사에 대해 총 54건의 심의조치가 내려졌다. 지방선거에서부터 인터넷언론에 대한 정치광고와 후보자초청토론회 개최가 가능해졌다. 2004년 4·15총선 때의 심의결과와 비교했을 때 특이할 만한 사항은 공정성 및 형평성 위반은 33.8%(18건)로 증가한 반면 여론조사 위반은 14.8%(8건)로 대폭 줄어들었다는 점이다.

하지만 인터넷언론의 역할과 기능에 관한 종합적이고 체계적인 입법이 미비한 상황에서 선거보도심의부터 먼저 실시된 점에서 앞으로 인터넷매체의 법적 자리매김에 관한 전면적인 재검토가 이루어져야 할 것이다. 그 이후에 제정된 〈신문 등의 자유와 기능보장에 관한 법률〉에서 인터넷신문에 관한 규정을 설정하고 있다. 하지만 고전적인 언론매체인 신문법에서 인터넷매체를 규정하고 있는 것 자체가 체계정합성에 의문을 제기하게 된다. 그간 언론매체의 발전과정에서 보더라도 인쇄매체에서 방송으로 이제 통신으로 발전하고 있는데 인터넷매체는 전형적인 통신매체이다. 그런데 통신매체에 대한 규율은 통신의 특수성이 충분히 반영되어야만 가능하다.[2] 하지만 인터넷매체에 대한 공직선거법상의 규율태도는 통신매체의 특수성이 제대로 반영되지 못하고 있는 아쉬움이 있다.

4) 각종 선거보도심의위원회의 비교분석

(1) 공통점

① 법정기구

선거보도의 공정성을 유지하기 위하여 〈공직선거법〉은 방송위원회, 언론중재위원회, 중앙선거관리위원회로 하여금 각기 선거방송심의위원회, 선거기사심의위원회, 인터넷선거보도심의위원회를 의

2) 성낙인, 《헌법학》 제7판, 446쪽 참조.

무적으로 설치하도록 규정하고 있다. 즉 방송위원회는 선거방송의 공정성을 유지하기 위하여 임기만료에 의한 선거의 선거일 전 120일까지 선거방송 심의위원회를 설치하여 선거일 후 30일까지 운영하여야 하고(제8조의2 제1항), 언론중재위원회는 선거기사의 공정성을 유지하기 위하여 임기만료에 의한 선거의 선거일 전 120일까지 선거기사심의위원회를 설치하여 선거일 후 30일까지 운영하여야 하며(제8조의3 제1항), 중앙선거관리위원회는 인터넷언론사의 인터넷홈페이지에 게재된 선거보도의 공정성을 유지하기 위하여 인터넷 선거보도심의위원회를 설치·운영하여야 한다(제8조의5 제1항).

따라서 이들 각 위원회는 필요에 따라 임의적으로 설치·운영할 수 있는 조직이 아니라 공직선거를 전후하여 반드시 설치하여 운영해야 하는 법정기구라는 점에 공통점이 있다.

② 정치적 중립의 보장

정치적 중립성을 담보하기 위하여 각 위원회의 위원들이 정당활동을 할 수 없도록 하고 있다. 즉 선거방송 심의위원회와 선거기사 심의위원회의 위원은 정당에 가입할 수 없도록 하고 있다(제8조의2 제3항, 제8조의3 제6항). 또한 인터넷 선거보도심의위원회의 경우 정당의 당원은 그 위원이 될 수 없도록 하고 있다(제8조의5 제5항).

③ 규칙의 제정·공표

선거방송 심의위원회와 선거기사 심의위원회는 선거방송이나 선거기사의 정치적 중립성·형평성·객관성 및 제작기술상의 균형유지와 권리구제 기타 선거방송의 공정을 보장하기 위하여 필요한 사항을 정하여 이를 공표하여야 한다(제 8조의 2 제 4항, 제 8조의 3 제 6항). 또한 인터넷 선거보도심의위원회도 인터넷 선거보도의 정치적 중립성·형평성·객관성 및 권리구제 기타 선거보도의 공정을 보장하기 위하여 필요한 사항을 정하여 이를 공표하여야 한다(제 8조의 5 제 6항).

이에 따라 각 위원회는 모두 선거보도의 공정성 등에 관한 가이드라인이나 심의기준을 제정·공표할 수 있을 뿐 아니라, 실효적 권리구제를 위한 구체적인 수단을 고안하여 적용할 수도 있게 된다.

④ 반론보도의 청구 및 그 심의

세 위원회 모두 선거보도로 인한 피해를 받은 정당이나 후보자에 대해 반론보도의 청구권을 인정하고, 해당 보도매체와 원만한 협의가 이루어지지 않을 경우 당사자들이 즉시 각 위원회에 회부하여 심의할 수 있도록 하고 있다. 그 구체적인 내용은 다음과 같다.

먼저 선거방송 심의위원회와 선거기사심의위원회의 경우 임기만료에 의한 선거의 선거일 전 90일부터 선거일까지 방송 또는 정기간행물에 공표된 인신공격, 정책의 왜곡선전 등으로 피해를 받은 정당 또는 후보자는 그 방송 또는 기사게재가 있음을 안 날부터 10일 이내에 서면으로 당해 방송을 한 방송사에 반론보도의 방송을, 당해 기사를 게재한 언론사에 반론보도문의 게재를 각각 청구할 수 있다(제 8조의 4 제 1항). 만일 반론보도의 협의가 이루어지지 아니하면 당해 정당, 후보자, 방송사 또는 언론사는 선거방송 심의위원회 또는 선거기사심의위원회에 지체 없이 이를 회부하고, 선거방송 심의위원회 또는 선거기사 심의위원회는 회부받은 때부터 48시간 이내에 심의하여 각하·기각 또는 인용결정을 한 후 지체 없이 이를 당해 정당 또는 후보자와 방송사 또는 언론사에 통지하여야 한다(제 8조의 4 제 3항).

다음으로 인터넷언론사의 왜곡된 선거보도로 인하여 피해를 받은 정당 또는 후보자는 그 보도의 공표가 있음을 안 날부터 10일 이내에 서면으로 당해 인터넷언론사에 반론보도의 방송 또는 반론보도문의 게재를 청구할 수 있다(제 8조의 6 제 4항). 만일 반론보도 협의가 이루어지지 아니하면 당해 정당 또는 후보자는 인터넷 선거보도심의위원회에 즉시 반론보도 청구를 할 수 있으며, 인터넷 선거보도심의위원회는 이를 심의하여 각하·기각 또는 인용결정을 한 후 당해 정당·후보자 및 인터넷언론사에 그 결정내용을 통지하여야 한다(제 8조의 6 제 6항).

⑤ 형사처벌

선거방송 심의위원회와 선거기사 심의위원회, 인터넷 선거보도 심의위원회에서 의결한 제재조치나 기타 결정사항에 대해 불응하는 행위를 모두 형사처벌의 대상으로 하고 있을 뿐만 아니라, 형량 또한 동일하게 부과할 수 있도록 하고 있다.

즉 제 256조 제 2항에 의하면 선거방송 심의위원회와 선거기사심의위원회에서 정한 각종의 제재조치, 사과문 또는 정정보도문의 게재명령, 반론보도의 결정을 지체 없이 이행하지 않으면 2년 이하의 징역 또는 400만원 이하의 벌금에 처할 수 있도록 하고 있다. 또한 인터넷선거보도심의위원회의 정정보도문의 게재나 반론보도의 결정을 불이행하는 경우에도 마찬가지이다.

(2) 차이점

① 설치 · 운영 주체의 차이

먼저 각 위원회는 모두 〈공직선거법〉에 의해 구성되지만, 그 설치 · 운영의 주체는 각기 다르다. 즉 선거방송 심의위원회는 방송위원회가, 선거기사 심의위원회는 언론중재위원회가, 인터넷 선거보도심의위원회는 중앙선거관리위원회에서 설치 · 운영토록 하고 있다.

이는 각 매체가 가지고 있는 특성과 각 기관이 가지고 있는 고유한 기능을 고려한 결과로 볼 수 있다. 즉 선거방송 심의의 경우 방송이 본래 공공재의 성격이 강하다는 점과 방송위원회가 과거부터 방송 전반에 대한 심의기능을 담당했다는 점이 참작되었지 않나 짐작된다. 그리고 선거기사심의의 경우는 정기간행물이 방송에 비해 비교적 언론의 자유가 폭넓게 인정되고 언론중재위원회가 언론에 대한 정정 · 반론에 대한 중재와 함께 정기간행물을 심의하는 기능을 수행했던 점이 고려되었다고 보인다. 마지막으로 인터넷 선거보도심의의 경우 인터넷은 신속성과 쌍방향성 등의 특성이 있고 중앙선거관리위원회가 각 시도에 사이버감시단을 운영하는 역할을 수행하는 점을 의식한 것으로 보인다.

② 활동기간의 차이

선거방송 심의위원회와 선거기사 심의위원회는 공히 임기만료에 의한 선거의 선거일 전 120일(대통령의 궐위로 인한 선거 또는 재선거에서는 그 선거의 실시사유가 확정된 때부터 20일)에 설치하여 선거일 후 30일까지 운영되는 임시기구이다(제 8조의 2 제 1항, 제 8조의 3 제

1항). 하지만 이에 반해 인터넷 선거보도심의위원회는 중앙선거관리위원회에 설치되는 상설기구이다(제8조의5 제1항).

③ 구성방식의 차이

선거방송 심의위원회는 방송사·방송학계·대한변호사협회·언론인단체 및 시민단체 등이 추천하는 자와 국회에 교섭단체를 구성한 정당이 추천하는 각 1인을 포함하여 9인 이내의 위원으로 구성된다(제8조의2 제2항). 그리고 선거기사 심의위원회는 언론학계, 대한변호사협회, 언론인단체 및 시민단체 등이 추천하는 자와 국회에 교섭단체를 구성한 정당이 추천하는 각 1인을 포함하여 9인 이내의 위원으로 구성한다(제8조의3 제2항).

한편 인터넷 선거보도심의위원회는 국회에 교섭단체를 구성한 정당이 추천하는 각 1인과 방송위원회, 언론중재위원회, 학계, 법조계, 인터넷 언론단체 및 시민단체 등이 추천하는 자를 포함하여 중앙선거관리위원회가 위촉하는 11인 이내의 위원으로 구성하며, 위원의 임기는 3년으로 한다(제8조의5 제2항).

여기서 우선 위원의 수를 살펴보면 선거방송 심의위원회와 선거기사 심의위원회는 9인 이내의 위원으로 구성되는 데 비하여 인터넷 선거보도심의위원회는 11인 이내의 위원으로 구성된다는 점에서 차이가 난다.

다음으로 추천기관을 비교해보면 다음과 같은 공통점과 차이점이 드러난다. 각 위원회는 공히 국회에 교섭단체를 구성한 정당 및 시민단체를 추천기관으로 하고 있으나, 관련업계의 이해를 반영하기 위해 선거방송 심의위원회는 방송사·방송학계, 언론인단체를, 선거기사 심의위원회는 언론학계와 언론인단체를, 인터넷 선거보도

심의위원회는 인터넷 언론단체를 각각 추천기관으로 인정하고 있다. 그밖에 인터넷 선거보도심의위원회가 방송위원회, 언론중재위원회, 학계, 법조계 등을 추천기관으로 열거하고 있는 점은 다른 위원회에서 찾아볼 수 없는 특징이다.

그런데 여기서 학계는 방송학계나 언론학계를 포괄하는 개념이며, 법조계 또한 판사·검사·변호사로 활동하는 사람들을 총칭하는 것으로, 대한변호사협회보다 광범한 개념이다. 따라서 구체적인 추천기관을 선정하는데 어려운 점이 있을 것으로 예상된다.

④ **제재조치 등의 차이**

먼저 선거방송 심의위원회는 제재조치로서 ① 시청자에 대한 사과, ② 해당 방송프로그램의 정정·중지, ③ 방송편성책임자 또는 해당 방송프로그램의 관계자에 대한 징계, ④ 주의 또는 경고를 결정할 수 있다(제 8조의 2 제 5항; 〈방송법〉 제 100조 제 1항). 또한 당해 정당, 후보자, 방송사의 회부가 있는 경우 반론보도의 방송을 결정할 수도 있다(제 8조의 4 제 3항).

다음으로 선거기사심의위원회는 사과문 또는 정정보도문의 게재를 결정할 수 있고(제 8조의 3 제 3항), 당해 정당, 후보자, 언론사의 회부가 있는 경우 반론보도를 결정할 수도 있다(제 8조의 4 제 3항).

마지막으로 인터넷선거보도심의위원회는 조사결과 선거보도의 내용이 공정하지 아니하다고 인정되는 때 당해 인터넷언론사에 대하여 해당 선거보도의 내용에 관한 정정보도문의 게재 등 필요한 조치를 명할 수 있다(제 8조의 6 제 1항 및 제 3항).

이처럼 각 위원회의 제재조치 등에서 종류나 내용상의 차이가 드러나지만, 선거방송 심의위원회나 선거기사 심의위원회가 제재조치 등을 결정할 뿐 그 명령은 다른 기관에 의해 이루어지는 데 비해, 인터넷 선거보도심의위원회는 그와 같은 조치를 직접 명할 수 있다는 사실도 간과할 수 없는 차이점이라고 할 수 있다.

〈표 3-1〉 각 심의위원회의 주요 차이점

	선거방송 심의위원회	선거기사 심의위원회	인터넷선거보도 심의위원회
설치 기관	방송위원회	언론중재위원회	중앙선거관리위원회
활동 기간	임시기구	임시기구	상설기구
추천 기관	-방송사, 방송학계, 대한변호사협회, 언론인단체 및 시민단체 등이 추천하는 자 -국회에 교섭단체를 구성한 정당이 추천하는 각 1인	-언론학계, 대한변호사협회, 언론인단체 및 시민단체 등이 추천하는 자 -국회에 교섭단체를 구성한 정당이 추천하는 각 1인	-방송위원회, 언론중재위원회, 학계, 법조계, 인터넷 언론단체 및 시민단체 등이 추천하는 자 -국회에 교섭단체를 구성한 정당이 추천하는 각 1인
위원 정수	최대 9인	최대 9인	최대 11인
제재 조치	-시청자에 대한 사과 -해당 방송프로그램의 정정·중지 -방송편성책임자등에 대한 징계 -주의 또는 경고	-사과문의 게재 -정정보도문의 게재	-정정보도문의 게재

3. 역대 선거방송 심의위원회의 운영현황

1) 1997년 제15대 대통령선거 관련 선거방송 심의

(1) 제15대 대통령선거에 대비하여 방송위원회는 1997년 7월 16일부터 선거방송 특별위원회를 구성하여 운영하였으나(7차례 회의 개최), 같은 해 11월 14일 〈공직선거 및 선거부정방지법〉이 개정되면서 선거방송 심의위원회의 설치·운영이 법제화되자 같은 해 11월 15일부터는 선거방송 심의위원회를 새로이 구성하여 운영하였다(13차례 회의 개최).

(2) 개정된 〈공직선거 및 선거부정방지법〉 제8조의 2에는 선거일 전 120일까지 선거방송 심의위원회를 설치하도록 되어 있었지만, 부칙의 규정에 따라 선거기간 개시일 10일 전인 1997년 11월 15일에 선거방송 심의위원회가 설치되었던 것이다. 이에 따라 방송위원회는 각계의 추천을 받아 총 9인으로 선거방송 심의위원회를 구성하여 같은 해 12월 24일까지 40일가량 활동하였다.

선거방송 심의위원회는 13차례의 회의를 개최하면서 선거방송을 심의한 결과, 총 35건을 제재하는 결정을 내렸다.

(3) 제재종류별로는 '주의'가 15건으로 가장 많았으며, 다음으로 '경고' 13건, '법정제재' 6건, '경고 및 연출자경고' 1건 등의 순으로 나타났다. 법정제재 가운데는 '시청자에 대한 사과'가 5건이었고, '방송내용의 정정'이 1건 있었다. 매체별로는 라디오가 24건으로 가

장 많았고, 다음으로 TV 6건, CATV 5건이 뒤를 이었다.

(4) 제재사유별 현황을 살펴보면 공정성과 형평성 관련 제재건수가 14건으로 가장 많았으며, 다음으로 여론조사관련 10건, 정치적 중립과 사실보도관련 4건 등의 순이었다.[3)]

2) 1998년 제2회 지방선거 등 관련 선거방송 심의

(1) 1998년에는 6월 4일 제2회 전국동시지방선거와 4월 2일과 7월 21일 국회의원 재·보궐선거 등 3차례에 걸친 선거가 실시되었다. 방송위원회는 이들 선거 가운데 제2회 전국동시지방선거와 7월 국회의원 재·보궐선거를 앞두고 선거방송 심의위원회를 각각 설치하여 운영하였다. 같은 해 4월에 있었던 국회의원 재·보궐선거의 경우 선거방송 심의위원회를 별도로 구성하지 아니하고, 지방선거방송 심의위원회에서 함께 처리하도록 하였다.

(2) 1998년 1월 14일에 구성한 제2회 전국동시지방선거 방송심의위원회는 8인의 위원으로 구성하여 같은 해 6월 11일까지 운영하였으며, 이 기간 동안 13차례 소집되어 방송사에 대해 총 91건(4월 국회의원선거 10건, 6월 지방선거 81건)의 제재를 결정하였다. 그리고 6월 23일에 구성한 7월 21일 국회의원 재·보궐선거 방송심의위원회는 8인의 위원으로 구성하여 같은 해 7월 28일까지 운영하였으며, 이 기간 동안 4차례 소집되어 방송사에 대해 총 17건의 제재를

---

3) 방송위원회, 〈제15대 대통령선거방송 심의백서〉, 3~16쪽 참조.

결정하였다.

(3) 먼저 4월 2일에 실시된 국회의원 재·보궐선거와 관련한 제재현황을 보면, '주의'만 총 10건으로 나타났다. 매체별로는 텔레비전이 8건, 라디오가 2건이고, 종합유선방송은 아무런 제재를 받지 않았다. 사유별 제재현황을 살펴보면 공정성·형평성과 관련한 조항을 위반한 경우가 6회로 나타났다. 구체적으로는 정치적 중립 관련조항을 위반한 경우가 1회, 보도에서 공정성 및 형평성을 위반한 경우가 4회, 제작상의 형평성 위반이 1회였으며, 사실보도시 과장·축소, 여론오도의 우려가 있는 내용을 방송하여 제재를 받은 경우가 5회, 보도에서 정확한 출처를 밝히지 아니한 경우가 4회로 나타났다.

(4) 다음으로, 제 2회 전국동시지방선거방송 심의위원회는 운영기간 중 총 81건에 대하여 심의·의결하였다. 제재종류별로 보면 경고가 9건, 주의가 72건이다. 매체별로는 텔레비전이 24건(경고 6건, 주의 18건), 라디오가 39건(경고 3건, 주의 36건), 유선방송이 18건으로 나타났다. 그리고 유선방송은 18건이 모두 주의로 제재를 받았다. 사유별 제재현황은 후보자 출연제한 규정을 위반한 경우가 30회로 가장 많았고, 공정성 및 형평성 조항을 위반한 경우가 25회, 법규정을 위반하거나 여론조사 보도와 관련한 위반사례가 각 21회, 20회로 나타났다. 그외에도 정확한 출처를 명시하지 않아서 제재를 받은 것이 7회, 균등한 기회 및 대담토론에서의 형평성 위반이 각 5회, 3회를 위반하였다.

(5) 마지막으로 7월 21일에 실시된 국회의원 재·보궐선거와 관련한 제재현황을 보면, '주의'만 총 17건으로 나타났다. 매체별로는 텔레비전이 8건, 라디오가 6건이고, 유선방송 3건이다. 사유별로는 공정성 및 형평성과 관련한 조항을 위반한 경우가 14회로 가장 많았다. 이 가운데 보도시 공정성 및 형평성 위반이 8회, 제작상의 형평성 위반이 6회였다. 그리고 여론조사보도와 관련한 것이 5회, 방송사고에 대한 정정보도를 하지 않은 경우가 3회로 나타났다.[4]

3) 2000년 제16대 국회의원총선거 관련 선거방송 심의

(1) 2000년 4월 13일 실시되는 16대 국회의원 선거를 앞두고 방송위원회는 방송사, 방송학계, 대한변호사회, 언론인단체, 시민단체, 국회교섭단체를 가지는 정당 추천인사를 포함하는 총 9인으로 선거방송 심의위원회를 구성하였다.

동 심의위원회는 1999년 12월 14일부터 2000년 5월 13일까지 약 5개월 동안 15차례의 회의를 개최하였다.

(2) 동 심의위원회의 회의결과 〈선거방송 심의에 관한 특별규정〉에 위반 제재건수는 총 144건이었다. 부문별로는 지상파방송 부문이 103건, 종합유선방송 부문이 40건, 기타(중계유선방송사업자) 1건이었다. 지상파방송 부문 중에서는 텔레비전이 45건, 라디오가 58건이었고, 종합유선방송 부문 중에서는 방송채널사업자가 23건, 종합유선방송사업자가 17건이었다.

---

4) 이상 방송위원회, 〈1998년 선거방송 심의백서〉, 5~10쪽 참조.

(3) 제재종류별로는 법정제재가 4건, 경고 29건, 경고 및 관계자 경고 2건, 주의 109건이었다. 이 가운데 법정제재 4건은 모두 모두 지상파 텔레비전방송 부문에 대한 것으로 '시청자에 대한 사과'를 내용으로 하였다. 구체적으로 TJB TV '4 · 13 총선 후보자 토론회'의 경우는 공정성 및 형평성 위반, 토론결론의 의도적 유도를 사유로 하여 사과명령이 내려졌으며, KBS 1TV와 MBC TV 및 SBS TV의 총선 관련 개표방송은 공히 공정성 및 객관성 위반, 공정성이나 정확성에 의심이 가는 여론조사 인용보도를 사유로 하여 사과명령이 이루어졌다.

〈표 3-2〉 제 16대 국회의원선거 선거방송 심의위원회심의의결 현황 5)

(단위: 건수)

부문 / 제재종류	지상파방송		종합유선방송		기타	총계
	텔레비전	라디오	방송채널사용사업자	종합유선방송사업자	중계유선방송사업자	
법정제재	4	-	-	-	-	4
경고*	9	14	3(2*)	2	1	29
주의	31	44	19	15	-	109
경고 및 관계자경고	1	-	1	-	-	2
소계	45	58	23	17	1	144
총계	103		40		1	

* 종합유선방송 부문 중 2000. 3. 13. 〈방송법〉 시행 이전 조치된 2건의 '경고'의 경우 구 〈종합유선방송법〉 제 34조 제 3항 및 〈종합유선방송심의규정〉 제 102조에 따른 법정제재임.

5) 방송위원회, 〈2000년 제 16대 국회의원 선거방송 심의백서〉, 2000. 7. 9쪽.

(4) 제재사유별로는 '여론조사 보도 관련 규정 미준수'가 48회로 가장 많았으며, '공정성 위반'이 44회, '후보자 출연 방송제한 위반'이 40회, '형평성 위반'이 27회로 나타났다. 이밖에 '예측보보도로 인한 유권자 오도'가 8회, '객관성 위반'이 8회, '감정 또는 편견이 개입된 용어 사용'이 5회 있었다.[6)]

4) 2002년 제3회 지방선거 관련 선거방송 심의

(1) 방송위원회는 2002년 6월 13일 실시되는 제3회 전국동시지방선거를 앞두고 2002년 2월 8일 선거방송 심의위원회를 설치하였다. 동심의위원회는 방송사, 방송학계, 대한변호사회, 언론인단체, 시민단체, 국회에 교섭단체를 가지는 정당 추천인사 등 8인(위원장 1인, 부위원장 1인, 위원 6인)으로 구성되었으며, 2002년 2월 8일부터 2002년 7월 13일까지 약 5개월간 총 12차례의 회의를 개최하였다.

(2) 동위원회의 회의결과 〈선거방송 심의에 관한 특별규정〉 위반 제재건수는 총 58건으로 이 가운데 지상파방송사업자 부문이 26건(텔레비전 13건, 라디오 13건), 방송채널사용사업자 부문이 3건, 종합유선방송사업자 부문이 29건이었다.

(3) 〈표 3-3〉에서 보듯이 제재종류별 제재건수를 보면, '법정제

---

6) 위 백서, 3~15쪽 참조.

재' 2건, '경고 및 책임자 경고' 6건, '경고 및 책임자 주의' 1건, '경고 및 관계자 경고' 10건, '경고 및 관계자 주의' 3건, '경고' 26건, '주의' 10건이었다. 이 가운데 법정제재 2건은 모두 지상파 라디오 방송에 대한 것으로, 청주 CBS(AM) '지방시대 915'는 여론조사의 보도가 문제되어 '시청자에 대한 사과'의 명령을 받았고 청주 BBS

〈표 3-3〉 제 3회 전국동시지방선거 선거방송 심의위원회 심의의결 현황[7]

(단위: 건수)

<table>
<tr><th rowspan="2">부문
제재종류</th><th colspan="2">지상파 방송</th><th colspan="2">종합유선방송</th><th>기타</th><th rowspan="2">총계</th></tr>
<tr><th>텔레비전</th><th>라디오</th><th>방송채널 사용사업자</th><th>종합유선 방송사업자</th><th>중계유선 방송사업자</th></tr>
<tr><td>법정제재</td><td>-</td><td>2</td><td>-</td><td>-</td><td>-</td><td>2</td></tr>
<tr><td>경고 및 책임자경고</td><td>2</td><td>-</td><td>-</td><td>4</td><td>-</td><td>6</td></tr>
<tr><td>경고 및 책임자주의</td><td>-</td><td>-</td><td>1</td><td>-</td><td>-</td><td>1</td></tr>
<tr><td>경고 및 관계자경고</td><td>1</td><td>1</td><td>2</td><td>6</td><td>-</td><td>10</td></tr>
<tr><td>경고 및 관계자주의</td><td>2</td><td>1</td><td>-</td><td>-</td><td>-</td><td>3</td></tr>
<tr><td>경고</td><td>4(1*)</td><td>6</td><td>-</td><td>16</td><td>-</td><td>26</td></tr>
<tr><td>주의</td><td>4</td><td>3</td><td>-</td><td>3</td><td>-</td><td>10</td></tr>
<tr><td>소계</td><td>13</td><td>13</td><td>3</td><td>29</td><td>-</td><td rowspan="2">58</td></tr>
<tr><td>총계</td><td colspan="2">26</td><td>3</td><td>29</td><td>0</td></tr>
</table>

* MBC텔레비전 및 라디오 각 2개 프로그램(총 4개 프로그램)을 일괄하여 경고 1건으로 의결한 사항에 대해, 편의상 1개 텔레비전 프로그램에 대해 경고 제재조치된 것으로 산정.

7) 방송위원회, 〈2002년 제 3회 전국동시지방 선거방송 심의백서〉, 2002. 12. 9~10쪽.

(FM) '황신모의 시사포커스'는 공정성 위반을 이유로 '시청자에 대한 사과' 명령을 받았다.

(4) 제재의 사유별로 보면, '여론조사보도 관련 규정 미준수'와 '공정성 위반'이 공히 22회로 가장 많이 지적되었고, '후보자 출연 방송제한 등'이 13회, '광고방송의 제한'이 2회 지적되었다. 다만 이러한 제재사유는 단일 안건에 대하여 제재사유가 둘 이상인 경우가 있어서 제재건수와 차이가 난다.[8]

5) 2002년 제16대 대통령선거 관련 선거방송 심의

(1) 2002년 12월 19일 실시되는 제16대 대통령선거를 앞두고 방송위원회는 방송사, 방송학계, 대한변호사협회, 언론인단체, 시민단체, 국회에 교섭단체를 가지는 정당 추천인사를 포함하는 총 9인으로 제16대 대통령선거 관련 선거방송 심의위원회를 구성하였다. 동 심의위원회는 2002년 8월 21일부터 2003년 1월 18일까지 약 5개월에 걸쳐 11차례 회의를 개최하였다.

(2) 동 심의위원회의 회의결과, 〈선거방송 심의에 관한 특별규정〉 위반 제재건수는 총 58건이었으며, 이 가운데 지상파방송 부문이 45건, 종합유선방송 부문이 13건이었다. 1997년 제15대 대통령선거관련 심의의결 현황과 비교할 때, 지상파방송 부문은 총 심의제재건수가 제15대 대통령선거 때보다 절반에 가깝게 감소한 결과

8) 위 심의백서, 3~14쪽 참조.

이다. 다만 종합유선방송의 경우 총 심의제재 건수가 두 배로 증가하였고, 제재의 강도도 높게 나타났다.

(3) 제재종류별로는 '법정제재'가 3건이었고, '경고 및 책임자 경고'가 2건, '경고 및 책임자, 관계자 경고'가 2건, '경고 및 관계자 경고'가 3건, '경고' 28건, '주의' 20건이었다. 제 15대 대통령선거 때보다 법정제재건수와 경고, 주의 건수의 비중이 낮아진 것을 볼 수 있다.

〈표 3-4〉 제 16대 대통령선거 선거방송 심의위원회 심의의결 현황[9]

(단위: 건수)

부문 / 제재종류	지상파방송		종합유선방송		총계
	텔레비전	라디오	방송채널사용사업자	종합유선방송사업자	
법정제재	1	-	2	-	3
경고 및 책임자경고	1	1	-	-	2
경고 및 책임자경고, 관계자경고	-	2	-	-	2
경고 및 관계자경고	3	-	-	-	3
경고	5	14	7	-	27
주의	6	12	3	-	21
소계	16	29	12	1	58
총계	45		13		

9) 방송위원회, 〈2002년 제 16대 대통령 선거방송 심의백서〉, 2003. 1. 9쪽.

(4) 이 가운데 법정제재의 현황을 보면, 지상파방송사업자(텔레비전 부문)가 1건, 방송채널사용사업자가 2건이었다. 지상파방송사업자에서는 경인방송(iTV)의 시사프로그램('봉두완의 진단 2002')에 대해 공정성 위반, 시사정보프로그램의 형평성 위반, 계층·종교·지역에 따른 지지 또는 반대 조장 등의 사유로 '시청자에 대한 사과'의 제재조치를 의결하였다(2002. 12. 26). 그리고 방송채널사용사업자에서는 보도전문 채널인 MBN이 시사토크프로그램('차 한 잔을 마시며') 2건에 대해 후보자 출연 방송제한 위반을 사유로 '시청자에 대한 사과'의 제재조치를 의결하였다(2002. 12. 12).

(5) 한편 제재의 사유별 현황을 보면, '여론조사보도 관련 규정 미준수'가 40건으로 가장 많았고, '공정성 위반'(7건)이 그 뒤를 이었으며, '사실보도 위반'(5건), '후보자 출연 방송제한 위반'(4건), '선거관련 법규정 미준수'(4건) 등이었다.10)

6) 2004년 제17대 국회의원총선거 관련 선거방송 심의

(1) 2004년 4월 15일 실시되는 17대 국회의원 선거를 앞두고 방송위원회는 방송사, 방송학계, 대한변호사협회, 언론인단체, 시민단체, 국회교섭단체를 가지는 정당 추천 인사를 포함하는 총 9인으로 구성되는 제17대 국회의원선거 관련 선거방송 심의위원회를 구성하였다. 동 심의위원회는 2003년 12월 15일부터 2004년 5월 15일까지 5개월에 걸쳐 19차례의 회의를 개최하였다.

---

10) 위 심의백서, 3~17쪽 참조.

(2) 동 심의위원회의 회의 결과 〈선거방송 심의에 관한 특별규정〉에 위반 제재건수는 총 36건이었다. 부문별로는 지상파방송 부문이 30건, 종합유선방송 부문이 6건이었다. 지상파방송 부문 중에서는 텔레비전이 21건, 라디오가 9건이었고, 종합유선방송 부문 중에서는 방송채널사업자가 2건, 종합유선방송사업자가 4건이었다. 이를 2000년 제16대 국회의원 선거방송 관련 심의의결 현황과 비교해보면, 지상파방송 부문은 총 심의제재건수가 3분의 1 이상 감소하였고, 종합유선방송 부문은 5분의 1 감소한 수치이다.

(3) 제재종류별로는 법정제재가 3건, 경고 및 관계자경고 1건, 경고 17건, 주의 15건이었다. 여기서 법정제재 가운데 지상파방송사업자(텔레비전 부문) 2건은 한국방송공사(KBS 1TV)와 문화방송(MBC TV)의 제17대 총선 개표방송에 대한 것으로, 모두 객관성 위반, 사실보도 위반, 정확성에 의심이 가는 여론조사의 보도를 사유로 하여 '시청자에 대한 사과'의 제재조치의 의결이 이루어졌다(2004. 4. 26). 그리고 방송채널사용사업자 1건은 시민방송 RTV의 '시사개구 할 말은 한다'에 대한 것이었는데, 공정성 위반, 형평성 위반, 후보자 출연 방송제한 위반을 사유로 역시 '시청자에 대한 사과'의 제재조치가 내려졌다(2004. 2. 9).

(4) 한편 제재의 사유별로는 '여론조사 보도관련 규정 미준수'가 27건으로 가장 많았고, '공정성 위반' 14건, '객관성 위반' 9건, '형평성 위반' 7건, '사실보도 위반' 3건 등이 있었다.[11]

---

11) 위 심의백서, 3~16쪽 참조.

〈표 3-5〉 제17대 국회의원선거 선거방송 심의위원회 심의의결 현황[12]

(단위: 건수)

<table>
<tr><th rowspan="2">매체
제재종류</th><th colspan="2">지상파방송</th><th rowspan="2">방송채널
사용사업자
(PP)</th><th rowspan="2">종합유선
방송사업자
(SO)</th><th rowspan="2">총계</th></tr>
<tr><th>텔레
비전</th><th>라디오</th></tr>
<tr><td>법정제재</td><td>2</td><td>-</td><td>1</td><td>-</td><td>3</td></tr>
<tr><td>경고 및 관계자 경고</td><td>1</td><td>-</td><td>-</td><td>-</td><td>1</td></tr>
<tr><td>경고*</td><td>9</td><td>4</td><td>-</td><td>4</td><td>17</td></tr>
<tr><td>주의</td><td>9</td><td>5</td><td>1</td><td>-</td><td>15</td></tr>
<tr><td>소계</td><td>21</td><td>9</td><td>2</td><td>4</td><td rowspan="2">36</td></tr>
<tr><td>총계</td><td colspan="2">30</td><td colspan="2">6</td></tr>
</table>

7) 전반적 평가

선거방송 심의위원회는 그때그때의 해당 선거와 관련해 구성되므로 선거의 종류와 선거방송 심의위원회 구성기간이 달라 심의의결현황을 양적으로 단순 비교하기는 어려운 점이 있다.

다만 〈표 3-6〉을 통해서 과거에 비해 총 심의제재 건수는 점차 줄어들고 있음을 볼 수 있다. 제재종류 가운데서도 법정제재의 건수는 미미한 수준이고, 대부분이 주의 또는 경고조치를 받은 경미한 사안이었다.

---

12) 방송위원회, 〈2004년 제17대 국회의원 선거방송 심의백서〉, 2004. 12. 9면.

〈표 3-6〉 역대 선거방송 심의위원회 심의의결 현황비교[13]

(단위: 건수(%))

제재 종류 \ 선거	제 17대 국회의원 선기 (2004. 4. 15)	제 16대 대통령 선기 (2002. 12. 19)	제 3회 전국동시 지방선거 (2002. 6. 13)	제 16대 국회의원 선거 (2000. 4. 13)
법정제재	3(8.3%)	3(5.2%)	2(3.5%)	4(2.8%)
경고 및 책임자 경고/경고	-	2(3.4%)	7(12.1%)	-
경고 및 책임자경고, 관계자경고	-	2(3.4%)	-	-
경고 및 관계자 경고/주의	1(2.8%)	3(5.2%)	13(22.4%)	2(1.4%)
경고	17(47.2%)	27(46.6%)	26(44.8%)	29(20.1%)
주의	15(41.7%)	21(36.2%)	10(17.2%)	109(75.7%)
총계	36(100.0%)	58(100.0%)	58(100.0%)	144(100.0%)

이러한 현상은 지금까지의 선거방송 심의위원회의 활동성과는 선거과정에서 형식적인 공정성을 확보하는 데 상당한 기여를 하였다는 평가를 가능하게 하는 대목이기도 하다. 하지만 여기에는 방송계가 공정성에 대한 정치권 요청에 지나치게 위축되어 형식적인 공정성만을 추구해온 측면도 숨어 있음을 부인하기 어려울 것이다.

또한 선거방송 심의위원회가 결정한 제재 가운데 대부분이 주의 또는 경고의 조치에 그친다는 점에 대해서도 시청자나 방송피해자

13) 방송위원회, 〈2004년 제17대 국회의원 선거방송 심의백서〉, 2004. 12. 10쪽 참조.

의 입장에서는 '솜방망이처벌'로 느낄 수 있다. 물론 선거방송 심의는 궁극적으로 방송의 편성권과 언론자유를 신장시키는 방향으로 이루어져야 할 것이지만, 엄격하고 공정한 심의를 통해 선거방송의 공정성을 실질적으로 확보할 수 있도록 하는 노력도 필요하다는 점을 지적하고 싶다.

제 4 장
선거방송 심의제도의 문제점과 개선방안

1. 선거방송 심의위원회의 법적 지위와 구성 · 운영관련 쟁점사항

1) 방송위원회와 선거방송 심의위원회의 위상

(1) 문제의 소재

선거방송 심의위원회는 선거방송의 내용이 심의기준을 위반할 경우 〈공직선거법〉 제 8조의 2 제 5항 및 〈선거방송 심의위원회의 구성과 운영에 관한 규칙〉 제 11조(제재조치) 에 의거하여 해당 방송 프로그램에 대해 심의 · 의결하여 방송위원회에 통보한다. 그러면 방송위원회는 〈공직선거법〉 제 8조의 2 제 5항 및 〈선거방송 심의위원회의 구성과 운영에 관한 규칙〉 제 13조(방송위원회의 조치) 에 의거하여 〈방송법〉이 정하는 절차에 따라 지체 없이 그 통보사항을 해당 방송사에 시정 및 제재조치의 이행을 명하도록 되어 있다.

그런데 선거방송 심의위원회는 방송위원회에 의해 한시적으로 설치 · 운영되는 〈공직선거법〉상의 특별기구일 뿐만 아니라, 선거방송에 관한 사항을 심의하고 의결하여 방송위원회에 통보할 뿐 그 결과를 대외적으로 공식화할 수 있는 권한은 방송위원회에 유보되어 있다. 이러한 점에서 선거방송 심의위원회와 방송위원회의 위상을 둘러싸고 법적 성격과 권한의 문제가 제기될 수 있다.

(2) 각 위원회의 법적 지위

① 방송위원회는 방송의 공적 책임·공정성·공익성을 실현하고, 방송내용의 질적 향상 및 방송사업에서의 공정한 경쟁을 도모하기 위하여 〈방송법〉 제20조에 의해 설치된 법정기구로서, 방송에 관한 제반사항을 관리·감독하는 업무를 관장하는 독립된 행정주체인 특수공익법인의 성격을 띤다.

이러한 행정주체는 법적으로 권리와 의무의 주체가 될 수 있지만,[1] 자연인과 달리 구체적인 행위능력을 갖지 못하기 때문에 일정한 행정사무담당자를 정하여 행정객체에 대하여 행정사무를 수행하도록 하고 있다. 이처럼 행정주체의 행정사무를 처리하는 지위에 있는 행정사무담당자를 행정기관이라고 한다.[2] 한편 행정기관은 법률상의 지위, 권한, 소관사무의 종류 및 내용을 기준으로 다시 행정관청, 보조기관, 보좌기관, 의결기관, 집행기관, 감사기관 등 여러 가지로 분류될 수 있다.[3]

② 이상의 개념정의와 분류에 입각할 때 선거방송 심의위원회는

1) 김동희, 《행정법 I》, 박영사, 2001, 75쪽.
2) 김동희, 《행정법 II》, 박영사, 2001, 10쪽 참조.
3) 위의 책, 10~12쪽 참조.

행정주체인 방송위원회의 사무담당자로서 행정기관 가운데 위 의결기관에 해당하는 것으로 생각된다. 의결기관이란 행정주체 내부에서 행정에 관한 의사결정 또는 판단을 할 수 있는 권한만을 가지고 대외적으로 표시할 권한은 없는 합의제행정기관으로 정의되고 있다.

〈공직선거법〉 제 8조의 2 제 1항, 동조 제 5항, 동조 제 7항 및 〈선거방송 심의위원회의 구성과 운영에 관한 규칙〉 제 5조 제 1항 각호의 규정, 제 5조 제 2항, 제 6조 제 1항, 제 13조 등에 비추어 볼 때 위와 같이 선거방송 심의위원회의 직무는 선거방송과 관련된 각종 사항에 대한 심의·의결에 국한되고, 이를 대외적으로 표시할 권한은 갖지 않은 것으로 파악된다.

또한 선거방송 심의위원회는 방송위원회의 소속위원회로서 방송위원회가 수행할 행정사무 가운데 선거방송사항의 심의를 담당하는데 불과하다. 따라서 대외적으로 선거방송 심의위원회는 독립적인 권리나 의무를 가질 수는 없을 뿐더러, 대외적으로 독자적인 의견을 표시할 권한은 없고, 다만 방송위원회의 명의로 그 의사를 표명할 수 있을 뿐이라고 해석된다. 그러나 여기서 말하는 대외적 의사표명은 국민에 대해 법률상 구속력을 가지는 의사 등의 표명에 국한된다. 따라서 대외적 구속력을 가지지 않는 의사표명은 선거방송 심의위원회가 독자적인 명의로 할 수 있다고 보아야 할 것이다.

③ 이렇게 볼 때 선거방송 심의위원회가 공법상의 권리의무의 변동을 초래하는 사항을 결정하여 그 효과를 받는 당사자에게 독자적 명의로 통보하는 것은 불가하지만, 가령 대외기관의 질의에 대해 단순히 회신하는 것은 선거방송 심의위원회가 자기의 명의로 하더

라도 무방할 것이다.

(3) 상호간의 관계

① 선거방송 심의위원회는 방송위원회에 의해 구성되고 방송위원회가 규정한 규칙에 따르며, 그 활동도 방송위원회의 내부에서 이루어지고 있다. 또한 선거방송 심의위원회는 특별한 업무를 수행하기 위해 한시적으로 설치되는 임시기구이기 때문에 현실적으로는 사무조직이나 물적 기반 등 많은 부분에서 방송위원회에 의존할 수밖에 없다. 실례로 16대 국회의원총선거를 전후해서 설치·운영된 선거방송 심의위원회의 경우 150일의 활동기간 동안 단 한 건의 예외도 없이 모든 안건이 방송위원회의 조직에 의해 마련되어 상정되었을 정도라고 한다.[4]

다른 한편으로 방송위원회의 심의부서에서 모니터한 내용을 선거방송 심의위원회의 안건으로 올리고 있는데, 이는 업무상으로도 방송위원회에 대한 의존성을 강화하는 측면으로 작용한다. 방송위원회의 심의부서에서 모니터한 내용을 안건으로 상정하느냐 상정하지 않느냐에 따라 선거방송 심의위원회의 업무성과가 달라질 수 있을 것이기 때문이다. 때로는 방송위원회에서 처리하기 껄끄러운 사안을 선거방송 심의위원회로 떠넘기는 행태를 보일 수도 있을 것이다.[5]

---

4) 김옥조, "선거방송 심의와 표현의 자유", 〈신문과 방송〉 제354호, 2000. 6. 132쪽.

5) 이창현. "대통령 선거방송의 공정성 실현을 위한 제도적 장치의 현황과 문제점." 국민대학교 사회과학연구소학보, 2003 참조.

② 하지만 그럼에도 불구하고 선거방송 심의위원회는 직무상 방송위원회로부터 독립해 있는 조직이다. 즉 선거방송 심의위원회는 〈공직선거법〉에 따라 설치된 독립적인 준사법기관의 성격을 지녀 외부의 어떤 간섭이나 영향을 받지 않는다. 선거방송 심의위원회는 한시적 기구이기 때문에 사무기능이 없어 편의상 방송위원회에 설치할 뿐이지 방송위원회의 하부조직으로 보아서는 안 된다. 선거방송 심의위원회의 위원도 〈공직선거법〉에 따라 언론단체, 시민단체, 교섭단체를 구성한 정당, 대한변호사협회 등이 추천한 인사로 구성된다. 물론 그 구성에 관한 업무는 방송위원회에서 담당하지만, 그렇다고 방송위원회가 심사위원의 선임에 영향력을 행사할 수는 없다고 보아야 한다.

③ 선거방송의 심의와 관련하여 이처럼 별도의 심의기구를 두게 된 것은 아무래도 방송위원회가 심의를 직접 담당할 경우 위원회 자체가 정치적 갈등에 휘말릴 가능성이 있다는 점을 고려한 것으로 보인다. 그런데 방송위원회의 경우 위원의 직무상 독립과 신분보장에 관한 규정을 두고 있지만(〈방송법〉 제26조), 선거방송 심의위원회의 경우 〈공직선거법〉상 그와 같은 규정이 발견되지 않는다. 이러한 점에서 방송위원회의 독립성이나 공정성을 의심하면서 선거방송 심의위원회의 독립성과 공정성은 어떻게 기대할 수 있겠는가 하는 의문을 제기되기도 한다.[6] 하지만 방송위원회는 대통령이 임명하는 9인의 위원으로 구성되는데, 그 가운데 국회의장이 국회 각 교섭단체대표의원과 협의하여 추천한 자와 국회 문화관광위원회의 추

---

6) 김주원, "선거방송법의 문제점과 개선방안", 〈방송개발〉 제10호, 한국방송개발원, 1998, 56쪽.

천의뢰를 받아 추천한 자가 각기 3인씩 포함되어야 한다. 이러한 방송위원회의 구성방식을 둘러싸고 방송위원회가 지나치게 정치적 색채를 띠게 될 가능성도 배제할 수 없음을 우려하는 목소리가 없지 않다.[7] 〈방송법〉상 위원의 결격사유로서 정당법에 의한 당원은 제외시키고 있기는 하지만(제 25조 제 2호), 추천과 임명에 관여하는 국회의장, 교섭단체대표의원, 국회 문화관광위원회, 대통령 모두 정치인이라는 점을 고려할 때 방송위원회의 공정성을 전적으로 신뢰하기는 어려운 것이 사실이다. 특히 공직선거를 전후로 한 기간 동안 선거방송의 공정성에 대해 심의·의결하는 기능까지 방송위원회에 맡기는 것은 곤란하다고 하지 않을 수 없겠다. 따라서 선거방송의 심의업무는 방송위원회 이외의 별도의 기구에 맡기는 것은 불가피한 측면이 있다고 본다.

그리고 방송관련업무를 총괄하는 방송위원회에 그 별도의 조직을 설치·운영하도록 하고, 방송위원회로 하여금 필요한 사무를 지원하도록 한 것도 그런 대로 충분히 수긍할 만하다. 또한 그렇게 선거방송 심의위원회가 방송위원회에 의해 설치·운영되도록 하는 시스템하에서는 심의기구로서의 성격상 선거방송의 공정성에 대한 심의의결만 하도록 하고 그 집행을 위한 처분은 방송위원회가 행하도록 한 것 또한 비교적 적절한 권한배분이었던 것으로 평가할 수도 있겠다. 하지만 그렇다고 이러한 방식이 결코 최선이라는 말은 아니며, 선거방송 심의위원회 위원들의 독립성과 전문성 강화를 전제로 하여 선거방송의 공정성을 확보할 수 있는 제도적 방안을 적극 모색해 나가야 함은 물론이다.

---

7) 박선영, 《언론정보법 연구 II》, 법문사, 2002, 208~209쪽 참조.

④ 한편 선거방송 심의위원회와 방송위원회 사이에 존재할 수밖에 없는 업무의 중복과 충돌은 매우 현실적인 문제로 대두되고 있다. 실제로 제 17대 국회의원총선거를 치르는 과정에서 한나라당은 KBS 1TV의 탄핵관련방송이 편파적이라고 규정하고 방송위원회에 심의해줄 것을 요청하였다. 이에 대하여 선거방송 심의위원회가 아니라 방송위원회 보도교양 제 1심의위원회가 2004년 3월 31일 회의를 열고 KBS 1TV의 〈뉴스 9〉의 여론조사보도(3월 15일 방송분) 등 4개 프로그램의 탄핵방송을 심의한 바 있다. 이런 정도로 업무가 중복된다면, 방송위원회 산하 소위원회로 하여금 선거방송의 심의를 담당하도록 할 것이지, 굳이 선거방송 심의위원회를 따로 구성할 필요가 있었느냐 하는 지적을 피하기 어려울 것이다.[8]

따라서 업무의 독립성과 자율성 확보의 차원에서 차제에 방송위원회와 위상관계를 분명히 하는 법령의 정비가 필요할 것으로 본다. 단기적으로는 양 위원회간의 업무나 권한을 명확하게 규정하고, 선거방송 심의위원회의 사무처리를 위한 별도의 조직을 두도록 해야 할 것이다. 또한 장기적으로는 선거방송 심의위원회를 상설화 한다든가 혹은 각종의 선거보도심의제도를 통합하여 소속상으로나 직제상으로나 독립성을 갖춘 하나의 법정기구에 맡기는 방안도 검토해볼 필요가 있을 것이다.

---

8) 류한호. "선거방송 심의제도의 문제점과 개선방안". 〈방송심의제도 어떻게 개선할 것인가〉 토론회 발표자료, 2004 참조.

2) 선거방송 심의위원회의 구성 문제

(1) 위원회의 전문성 문제

선거방송 심의위원회 구성은 〈공직선거법〉 제8조의2에 의거하여 방송사, 방송학계, 대한변호사협회, 언론인단체, 시민단체 등이 추천하는 자와 국회에 교섭단체를 가지는 정당이 추천하는 각 1인을 포함하여 총 9인으로 구성하도록 규정하고 있다. 그런데 이와 같은 위원 구성방식으로는 위원회의 전문성과 공정성을 담보하는 데 구조적 한계를 지니고 있다.

선거방송 심의위원회는 특정정당이나 후보와는 일정 거리를 유지하며 공정하고도 일관된 심의를 할 수 있어야 하며 또한 방송과 언론전반에 대한 전문적 식견이 필수적이다. 그런데 선거방송 심의위원들의 구성방법이나 그 내용을 보면 방송, 언론, 그리고 법에 대한 전문적 지식이 부족할 수도 있는 것으로 보인다.

선거방송이라 하면 정규뉴스뿐만 아니라 시사교양프로그램이나 보도프로그램, 또는 정치문제를 다룰 수 있는 가능성이 있는 모든 포맷의 프로그램을 포함한다. 따라서 선거방송 심의위원회에는 다양한 방송업무와 프로그램에 대해서 상당한 지식과 이해를 가지고 있는 인사가 위원으로 참여할 필요도 있다. 사람들의 세계는 자신의 경험에 근거하여 형성되기 때문에 이러한 분야에 종사한 경험이 없는 사람들은 현장의 조건에 대하여 관념적으로만 이해하고 넘어갈 가능성이 있다.

최근 선거를 다루는 프로그램이 다양해지고 그 접근방법이나 내용도 다양해졌으며, 향후 미디어정치시대에 방송이 더욱 적극적으로 대응하게 되면 방송에 부여된 정치방송의 한계가 상당부분 철폐되거나 확대될 수밖에 없다. 정규뉴스가 아닌 다른 다양한 방송프로그램에서 선거문제나 정치문제를 다루는 데 대하여 선거방송 심의위원회 구성에서부터 적절히 대응할 필요가 있나 하겠다.

또한 심의위원회는 선거방송에 대한 규제 일변도로 나가기보다는 좀더 공정하고, 사실적이며, 객관적이고, 유익한 선거방송을 가능하도록 한다는 전망을 가지고 일할 필요가 있다. 뿐만 아니라 위원들은 방송에 대한 이해도 풍부하고, 언론과 표현의 자유에 대한 확고한 신념도 가질 필요가 있다.

한편 선거방송 심의위원회의 활동을 위하여 방송위원회 내부의 심의평가국을 중심으로 심의지원단이 활동하고 있다. 그러나 평소에 선거방송 심의의 문제를 다루지 않고 있다가 선거시기에 일시적으로 선거방송문제를 다루다 보면 업무수행에 필요한 지식과 역량의 부족에 부딪힐 수밖에 없다. 따라서 선거방송 심의지원기구는 방송위원회 내부에서 기존 인력을 일시적으로 차출하거나 기존업무에 선거방송 심의지원업무를 추가하는 방식으로 운영되고 있는데 이는 문제가 있다. 만일 선거방송 심의위원회를 상설기구로 전환한다면, 방송위원회로부터 독립된 별도의 지원조직을 갖추는 것이 바람직할 것이다.

(2) 정당추천제도의 문제점

① 개 관

선거방송 심의위원회는 방송사·방송학계·대한변호사협회·언론인단체 및 시민단체 등이 추천하는 자와 국회에 교섭단체를 가지는 정당이 추천하는 각 1인을 포함하여 9인 이내의 위원으로 구성된다. 따라서 이러한 위원의 추천방식은 다음의 두 부류로 나누어 볼 수 있다. 그 하나는 방송사·방송학계·대한변호사협회·언론인단체 및 시민단체 등이 추천하는 '단체추천'의 경우이고, 다른 하나는 국회에 교섭단체를 가지는 정당이 추천하는 '정당추천'의 경우이다.

이러한 위원회 구성방법에 대해서는 다음과 같은 문제들이 제기되고 있다. 먼저 선거방송 심의위원회에 정당추천자가 위원으로 참가하도록 한 것이 적절한가 하는 점에 대해 논란이 있다. 다음으로 위원회 구성과 관련하여 위원을 추천하는 방송사, 언론인단체, 시민단체, 그리고 방송학계의 대표성도 문제될 수 있다.

② 정당추천제의 적절성

전술한 바와 같이 독일의 방송참의회(Rundfunkrat)는 정당이나 교회 또는 사회단체를 대표한 위원들로 구성된다. 각 주의 공영방송설치법은 방송참의회의 구성에 관해 참가정당, 교회, 기타 사회단체의 명칭과 그 인원까지 구체적으로 명기하고 있다. 여기서 정당대표의 인원은 주의회의 의석에 비례하여 정당별로 다시 배분된다. 뿐만 아니라 사회단체의 몫도 정당간의 이해관계가 강하게 반영되고 있다. 그럼에도 불구하고 이와 같이 방송에 대한 각 정당의 영향력 행사가 용인되고 있는 이유는 무엇보다도 방송의 공정성이 방송의 형식적 중립성을 통해서가 아니라 각 정당의 이해가 그 세력분포에 따라 방송을 통해 적극적으로 표현됨으로써 실현될 수 있는 것이라는 확고한 믿음에서 찾을 수 있을 것이다.

하지만 우리나라에서는 정치적 당파성이 가지는 긍정적 기능에 대해 그와 같은 신뢰감이 충분히 형성되어 있지 못하다. 과열혼탁한 선거운동의 양상이 아직까지도 불식되지 못하고 있는 현실에서는 오히려 정당추천자들은 정당의 대표로서 자신의 정치적 성향과 소속 정당의 이해관계에 따라 문제를 제기하고 심의를 진행해 나갈 가능성이 높다는 인식이 팽배해 있다.

물론 정당대표들은 심의과정에서 내부 긴장도를 높이고 상호 견제하도록 하는 효과가 있는 것은 사실이다. 그리고 일단 위원으로 되면 추천정당의 이해관계를 초월하여 양식 있는 심의를 할 것이라고 기대해볼 수도 있다. 하지만 선거방송 심의위원회는 늘 정치적 균형이나 공정성을 추구하면서 누구에게도 치우치지 않는 공정한 심의업무를 담당해야 한다. 그러나 직접 정치세력들이 치열한 대결을 벌이는 선거에 관한 문제를 다루기 때문에 정치부문의 영향력이 개입되기 쉽다. 방송프로그램에 대한 심의가 정치적 역학관계와 타협에 의해 진행될 경우 결과적으로 공정성이 훼손될 가능성이 매우 클 수밖에 없다.

따라서 정당추천제처럼 선거방송 심의위원회에 정당의 이해관계가 직접 작용할 수 있는 장치를 만들어 놓는 것은 위원회의 심의절차를 왜곡·변질시킬 가능성이 있다. 또한 이는 비교섭단체의 정당이나 무소속후보자를 차별적으로 취급하는 것이어서 언제나 형평성의 시비가 생길 소지가 다분하다. 이러한 점에서 선거방송 심의위원회 위원의 정당추천제는 폐지되는 것이 바람직하다고 본다.[9]

---

9) 류한호, "선거방송 심의제도의 문제점과 개선방향에 관한 연구", 한국방송프로듀서연합회 〈2004 총선방송, 어떻게 할 것인가〉 토론회 발표문. 2004.1.29. 참조,

③ **추천정당의 증가에 따른 문제**

한편 현행의 〈공직선거법〉 제8조의2 제3항은 국회에 교섭단체를 가지는 정당이 위원 1인씩을 추천하여 심의위원회를 구성하도록 하고 있다. 그런데 그러한 추천정당이 될 수 있는 자격은 어느 시점을 기준으로 하여 판단하느냐에 따라 달라질 수 있다. 따라서 〈선거방송 심의위원회의 구성과 운영에 관한 규칙〉 제3조 제2항에서는 방송위원회는 "심의위원회 구성일 현재" 국회에 교섭단체를 가지는 정당이 각 1인의 위원을 추천할 수 있도록 규정하고 있어서 그러한 점에 대한 의문은 해소되었다.

하지만 추천정당의 적격성과 관련하여서는 교섭단체라는 유동적 변수가 여전히 남아 있다. 현재 정치권의 일각에서 추진하는 교섭단체의 구성요건 완화가 현실화될 경우 교섭단체의 수가 늘어날 수 있을 뿐만 아니라, 향후 경쟁력이 비슷한 다당제가 되어 다수의 교섭단체가 등장할 수도 있을 것이기 때문이다. 만일 그렇게 되었을 때 교섭단체를 구성한 모든 정당에게 1인씩의 선거방송 심의위원회 위원을 보장할 것인가가 문제될 수 있다.

현실적으로 선거방송 심의위원회 위원은 법에 규정된 방송사·방송학계·대한변호사협회·언론인단체 및 시민단체 등에서 추천하는 5명을 제외하면 최대 4명까지 정당추천자로 채울 수 있다. 과거 제17대 국회의원총선거의 경우에는 당시 교섭단체를 구성하였던 한나라당, 민주당, 열린우리당의 3개 정당에서 각 1인씩을 추천하게 되었고, 그 결과 남아 있던 한 자리는 방송위원회에서 추천을 하였다. 그러나 교섭단체가 5개 이상이 될 경우 법을 개정하지 않고는 위원회의 구성 자체가 어려울 수 있다.[10)]

(3) 단체추천에서의 대표성 문제

선거방송 심의위원회의 위원을 추천할 수 있는 방송사·방송학계·대한변호사협회·언론인단체 및 시민단체 등을 '추천단체'라고 부를 수 있는데(〈선거방송 심의위원회의 구성과 운영에 관한 규칙〉 제3조 제2항), 이들 추천단체에 대해 과연 얼마만큼 대표성을 인정할 수 있을지에 대해 적잖은 지적이 나오고 있다.

먼저 방송사는 방송시설을 경영 또는 관리하는 자를 말한다. 그런데 다매체·다채널시대가 되면서 지상파방송뿐만 아니라 케이블방송, 위성방송, 인터넷방송 등 새로운 방송사들이 등장하는데, 기존 지상파방송사업자들의 단체인 방송협회에 계속 추천권을 주느냐의 문제가 발생할 수 있다.

다음 방송학계도 기존의 한국언론학회와 한국방송학회 이외에도 다른 방송관련학회들도 얼마든지 만들어질 수 있다. 또한 언론인단체도 한국기자협회와 한국신문방송편집인협회 이외에도 한국방송프로듀서연합회나 다른 조직들도 언론인단체로 자임하고 나설 수도 있다. 물론 전문성과 대표성이 있는 주요단체에 추천을 의뢰하고 각 단체가 자율적으로 상호 협의하여 1인을 추천하도록 하면 되겠지만, 추천을 의뢰할 주요단체의 선정을 둘러싼 형평성의 시비가 나올 가능성을 배제하기 어렵다.

또한 대한변호사협회의 경우 유달리 특정단체의 고유한 명칭을 써서 위원추천권을 주고 있다. 하지만 과거 변호사단체가 유일할 때는 문제가 없었으나, 복수의 변호사단체가 존재하고 있는 현 상

---

10) 김주원, "선거방송법의 문제점과 개선방안", 〈방송개발〉 제10호, 한국방송개발원, 1998, 58쪽 참조.

황에서는 관련단체간에 형평성의 시비가 발생할 수도 있다.

한편 시민단체의 추천에서는 문제가 좀더 심각하다. 시민단체의 개념이 명확한 것도 아니고, 그 실체나 추구하는 목적 또한 천차만별이다. 더욱이 시민운동이 원래 정치와 무관할 수 없기 때문에 많은 시민단체들은 선거를 앞두고 일정한 정파성을 드러내기 마련이다. 따라서 추천을 의뢰받는 단체에 대해서는 시민단체로서의 대표성을 인정할 수 있느냐에 대한 논란이 빚어질 수밖에 없다. 이러한 논란은 방송위원회가 어느 시민단체에 대해 위원추천을 의뢰할 것이냐의 문제로 이어질 수 있다. 만일 방송위원회가 특정의 단체를 임의로 선정하여 시민단체의 몫으로 할당되어 있는 심의위원의 추천을 의뢰한다면, 그 단체의 대표성을 인정하지 않으려는 시민단체에서는 방송위원회가 심의위원의 구성에서 부당한 영향력을 행사하는 것으로 받아들이게 될 것이다.

현실적으로는 정치적 색채를 띠지 않는 공익단체들을 위주로 하여 추천의뢰를 하되, 가급적 그 단체들이 상호 협의하에 1인의 위원을 추천해줄 것을 요청하는 것이 그나마 논란을 최소화할 수 있는 길이 아닐까 생각된다. 보다 근본적인 해결책으로는 개념상 모호하기만 한 시민단체를 추천단체에서 빼는 방법밖에 없을 것으로 생각된다.

(4) 방송위원회의 추천근거 결여 문제

방송위원회는 〈공직선거법〉상 선거방송 심의위원회의 위원을 추천할 수 있도록 명시되어 있지 않다. 그럼에도 불구하고 그동안 방송위원회에서는 관행적으로 선거방송 심의위원회의 위원에 대한 추천권을 행사해 왔다. 가령 16대 국회의원선거 당시 위원장 이상희, 제 3회 전국동시지방선거 당시 위원장 김택환, 제 16대 대통령선거 당시 위원장 유재천, 제 17대 국회의원선거 당시 위원장 임상원 등은 모두 방송위원회가 추천한 인사들이었다.

생각건대 방송위원회가 일반적인 방송심의에 관한 업무를 수행하고 있고 또 선거방송 심의위원회 설치·운영의 주체인 만큼 선거방송 심의위원회의 위원을 추천하는 것은 나름대로 합리성이 있는 것으로 보인다. 하지만 법률상의 근거도 없이 선거방송 심의위원회의 위원을 방송위원회가 추천하는 것은 아무래도 정당화되기 어렵다고 본다.

따라서 이러한 문제점을 해소하기 위해서는 조속히 〈공직선거법〉의 개정을 통해 방송위원회가 합법적으로 위원추천권을 행사할 수 있도록 그 근거를 마련해주는 것이 바람직할 것으로 본다.

3) 선거방송 심의위원회의 운영기간 적정성 문제

〈공직선거법〉 제 8조의 2 및 〈선거방송 심의위원회의 구성과 운영에 관한 규칙〉 제 3조에 따라 선거방송 심의위원회는 선거일 120일 전에 구성하여 선거일 30일 후까지 운영된다. 이처럼 선거일 전후 5개월간 한시적으로 운영되다 보니 업무의 연속성이 없고 그 경험과 역량을 축적하거나 전문성을 확보하기 어렵다. 위원회가 구성될 때마다 과거의 심의경험자이든, 경험이 없는 새로운 위원이든, 그리고 지원실무진이든 처음부터 새롭게 시작해야 한다면, 일관성 있고 심도 있는 심의를 기대하는 것은 도저히 무리라고 할 수밖에 없다.

이러한 문제는 방송위원회가 2003년 1월에 발간한 2002년 제16대 대통령 선거방송 심의백서에서도 강조되고 있다. 이 백서에 의하면, 선거방송 심의위원회 운영 관련 의견에서 다음과 같이 밝혔다.

> 향후 구성될 선거방송 심의위원회에서는 선거방송 심의위원회의 본격적인 심의활동 개시 전에 당시 선거와 관련하여 이슈가 되는 사안과 정치상황에 맞는 중점 심의사안을 정한 후에 선거방송 심의위원회 활동에 들어간다면, 좀더 원활하고 생산적인 운영이 될 것임. 이를 위해 선거방송 심의위원회의 존치기간이 현행보다 좀더 확대되어야 한다는 의견임.[11)]

선거방송 심의위원회를 굳이 상설화할 필요가 있는가 하는 점에 대해서는 논란이 있을 수도 있다. 하지만 앞으로 선거가 자주 치러지고, 미디어선거의 경향이 확대 정착되면서 각종 선거에서 다양한 방식으로 선거방송이 전개되어 나갈 것이다. 그런 가운데 선거방송 심의위원회의 활동도 좀더 자주 필요해지고, 그 전문성에 대한 요청도 더욱 강하게 제기될 것이다. 이러한 전문화와 다양화의 흐름에 부응하기 위해서는 선거방송 심의위원회를 상설기구로 전환하고, 위원들에 대해서 3년의 임기제를 실시할 필요가 있다.[12)] 이러한 상설화의 문제는 뒤에서 다시 논의하기로 한다.

---

11) 방송위원회, 〈2002년 제16대 대통령 선거방송 심의백서〉, 2003. 1. 17쪽.

12) 류한호, "선거방송 심의규정의 문제점과 개선방향", 한국방송프로듀서연합회 〈2004 총선방송, 어떻게 할 것인가〉 토론회 발표문. 2004.1.29. 참조.

2. 선거방송 심의위원회의 직무범위와 법적 권한에 관한 문제점

1) 직무범위의 문제: 선거방송의 개념

(1) 〈공직선거법〉 제 8조의 2 제 1항에 의해 설치되는 선거방송 심의위원회는 선거방송의 공정성에 대한 심사를 그 직무로 한다. 그런데 선거방송 심의위원회의 심사대상을 정하려면 무엇보다도 선거방송이 무엇인가를 먼저 파악하여야 한다.

현재 선거방송에 대한 개념규정은 〈선거방송 심의에 관한 특별규정〉 (제정 2000. 3. 17. 방송위원회규칙 제 7호, 개정 2006. 1. 31. 방송위원회규칙 제 88호) 에서만 발견될 뿐이다. 이 특별규정 제 1조에서는 선거방송을 '공직선거법이 정한 선거방송'과 '기타 선거에 관련한 내용이 포함된 프로그램의 방송'을 포괄하는 개념으로 사용하고 있다. 하지만 정작 〈공직선거법〉에는 선거방송이 정확히 무엇을 의미하는지에 대해 아무런 정의를 하고 있지 않다. 뿐만 아니라 〈방송법〉에서도 역시 선거방송에 대한 개념규정을 두고 있지 않다.

짐작건대 〈공직선거법〉에서는 선거방송도 방송의 한 분야이므로 이에 대한 적극적인 개념규정을 〈방송법〉 쪽에 미루고, 〈방송법〉에서는 선거방송의 법적 개념정의에 대한 필요성을 느끼지 못한 것이 아닌가 생각된다.[13] 이는 선거기사나 인터넷보도에 관해서는 〈공직선거법〉 제 8조의 3이나 제 8조의 5에서 일정한 예시나 설명

13) 박희정, 앞의 논문, 8~9쪽.

을 두고 있는 것과 대조적이다.

(2) 선거방송은 방송의 한 유형이라 할 수 있지만, 이를 규제하고 있는 것은 <공직선거법>이다. 따라서 선거방송의 개념을 파악하기 위해서는 우선 <공직선거법>의 관련규정들을 살펴보아야 한다. <공직선거법>은 제8조에서 정강·정책·정견 등의 공정한 보도·논평과 대담·토론의 공정한 실시·방송을 요구하고 있고, 제70조 이하에서는 광고방송(제70조), 연설방송(제71조, 제72조), 경력방송(제73조, 제74조), 대담·토론방송(제82조, 제82조의2) 등에 대해 각각의 기준과 방법을 자세히 규정하고 있다.

이들 규정에 비추어 선거방송은 선거와 관련된 보도·논평, 광고, 연설, 경력, 대담·토론의 방송을 말하는 것으로 일단 이해할 수 있을 것이다. 하지만 전술한 바와 같이 <선거방송 심의에 관한 특별규정>에서는 선거방송을 <공직선거법>이 정한 선거방송과 기타 선거에 관련한 내용이 포함된 프로그램의 방송을 포괄하는 개념으로 사용하고 있다.

그렇다면 선거방송을 방송에 의한 선거관련보도를 총칭하는 광의의 개념으로 파악할 필요가 있다. 여기서 방송의 개념은 <방송법>에서 정의규정을 참고할 수 있다. <방송법>(일부개정 2005. 8. 4. 법률 제7655호)에 의하면 '방송'은 방송프로그램을 기획·편성 또는 제작하여 이를 공중에게 전기통신설비에 의하여 송신하는 것으로서 텔레비전방송, 라디오방송, 데이터방송, 이동멀티미디어방송 등을 포함하는 개념으로 설정되어 있다(제2조 제1호).

이상을 종합해볼 때 선거방송 심의위원회가 내용상의 공정성을 심사할 수 있는 대상이 되는 선거방송이란 텔레비전방송, 라디오방송, 데이터방송, 이동멀티미디어방송 등 방송프로그램을 기획·편성 또는 제작하여 이를 공중에게 전기통신설비에 의하여 송신하는 매체에 의해 이루어지는 선거관련보도를 의미하는 것으로 이해할 수 있을 것이다. 다만 영상·음성·음향 및 이들의 조합으로 이루어진 것을 송신하는 경우라 하더라도 인터넷 등 통신망을 통하여 제공하거나 매개하는 경우는 제외된다고 보아야 한다(〈방송법〉 제2조 제1호 제4호 참조).

(3) 생각건대 선거방송 심의위원회의 실지근거가 되는 법률(현재는 〈공직선거법〉)에서 별도의 정의규정을 둠으로써 선거방송의 의미를 한정짓는 것이 바람직할 것이다. 그렇게 하는 것이 규범의 명확성에도 부합할 뿐만 아니라, 선거방송 심의위원회의 관할을 분명히 함으로써 방송위원회나 인터넷선거보도심의위원회 등 다른 위원회와의 업무상 다툼을 미연에 방지할 수 있는 측면도 있다.[14]

2) 법적 권한의 적정성

선거방송 심의위원회의 직무는 직권조사사항 및 시정요구사항의 심의(〈공직선거법〉 제8조의2 제5항 및 제6항), 반론보도청구의 심의(동법 제8조의4 제3항), 기타 선거방송과 관련한 사항 중 방송위원회 위원장이 부의하는 안건의 심의 등이다(〈선거방송 심의위원회의 구성과 운영에 관한 규칙〉 제5조 제1항). 또한 선거방송 심의위원

14) 동지: 김주원, "선거방송법의 문제점과 개선방안", 〈방송개발〉 제10호, 한국방송개발원, 1998, 52~53쪽 참조.

회는 선거방송의 공정성을 보장하기 위하여 필요한 사항을 정하여 공표할 의무를 지는바(동법 제8조의2 제4항), 선거방송 심의에 관한 규칙을 제정·공표할 권한도 가지게 된다. 이하에서 그 내용을 문제점과 아울러 구체적으로 살펴본다.

(1) 규칙제정권(준입법권)

① 〈공직선거법〉 제8조의2 제4항은 "선거방송 심의위원회는 선거방송의 정치적 중립성·형평성·객관성 및 제작기술상의 균형유지와 권리구제 기타 선거방송의 공정을 보장하기 위하여 필요한 사항을 정하여 이를 공표하여야 한다"고 규정하고 있다. 여기서 선거방송의 공정을 보장하기 위하여 필요한 사항에는 선거방송의 공정성을 심사하는 데 필요한 기준도 당연히 포함되는 것으로 이해된다. 따라서 선거방송 심의위원회는 선거방송 심의에 관한 기준을 규칙으로 제정·공표할 수 있는 권한을 가진다고 할 수 있다. 〈선거방송 심의위원회의 구성과 운영에 관한 규칙〉(제정 2000. 3. 17. 방송위원회규칙 제6호, 개정 2006. 1. 24. 방송위원회규칙 제87호) 제9조 제2항에서도 "심의위원회는 선거방송의 공정성을 유지하기 위하여 심의에 필요한 사항을 정할 수 있다"고 규정하는 것도 이러한 내용을 구체화한 것으로 볼 수 있다.

하지만 그럼에도 불구하고 실제로 선거방송의 심의기준으로 적용되고 있는 것은 방송위원회가 제정·공표한 〈선거방송 심의에 관한 특별규정〉(제정 2000. 3. 17. 방송위원회규칙 제7호, 개정 2006. 1. 31. 방송위원회규칙 제88호)이다. 선거방송 심의위원회에서 독자적인 심의기준을 제정·공표할 수 있으나, 선거 때마다 새롭게 구성되는 선거방송 심의위원회로서는 심의에 관한 기준을 매번 새로 제정 · 공표하기에는 현실적으로 무리한 점이 있어서 부득불 〈선거방송 심의에 관한 특별규정〉을 방송심의위원회의 심의기준으로 활용하고 있는 것이다.

이와 관련하여 2002년 제 3회 전국동시지방선거 관련 선거방송 심의위원회에서는 동위원회의 전례에 따라 방송위원회의 규칙을 원용하되, 다만 그에 전적으로 얽매이지 않고 사안별로 나름대로의 세부기준을 만들어 심의에 임한다는 결의를 한 것으로 알려지고 있다.[15]

② 한편 "선거방송 심의위원회의 구성과 운영 기타 필요한 사항은 방송위원회규칙으로 정한다"고 규정한 〈공직선거법〉 제 8조의 2 제 7항에 따라 〈선거방송 심의위원회의 구성과 운영에 관한 규칙〉(제정 2000. 3. 17. 방송위원회규칙 제 6호)이 제정되었다. 그런데 동규칙(개정 2006. 1. 24. 방송위원회규칙 제 87호) 제 5조 제 2항을 보면 "심의위원회는 〈공직선거법〉 제 8조의 2 제 4항의 필요한 사항을 〈방송법〉, 방송위원회규칙의 범위 내에서 정할 수 있으며, 이를 방송위원회에 요청하여 공표한다"라고 되어 있다. 여기서 〈공직선거법〉에 따라 제정 · 공표해야 할 선거방송 심의위원회의 규칙을 〈방송법〉상 기구인 방송위원회의 규칙에 어긋나지 않도록 한 것이 과연 법체계상으로 옳은 것이냐 하는 문제가 제기될 수 있다.[16]

생각건대 〈공직선거법〉 제 8조의 2의 제 4항의 취지는 방송위원

15) 강남준, "제도보다는 운영의 묘 살려야 공정성 확보가능", 〈방송21〉 2002년 4월호, 방송위원회, 51쪽.

16) 위의 글, 51쪽 참조.

회를 포함한 그 어떤 외부의 간섭도 받지 않고 선거방송 심의위원회가 독자적인 심의의결권을 행사할 수 있도록 하기 위하여 자체의 심의기준을 마련할 것을 의무화한 것으로 보아야 할 것이다. 그렇다면 방송위원회가 제정한 규칙에 선거방송 심의위원회가 얽매이도록 한 〈선거방송 심의위원회의 구성과 운영에 관한 규칙〉 제5조 제2항은 선거방송 심의위원회를 별도로 설치·운영하도록 한 〈공직선거법〉의 입법목적에 부합되기 어려운 것이라고 볼 수밖에 없다. 이는 법치주의의 한 내용인 법률우위의 원칙에도 위배될 소지가 있는 만큼, 동조항은 조속히 개정되어야 할 것으로 본다.

(2) 심의의결권(준사법권)

① 직권조사사항의 심의의결

〈공직선거법〉 제8조의2 제5항은 선거방송 심의위원회로 하여금 선거방송의 공정여부를 의무적으로 조사하게 하면서, 조사결과 선거방송의 내용이 공정하지 아니하다고 인정될 경우 〈방송법〉 제100조 제1항 각호 소정의 제재조치 등을 정하여 이를 방송위원회에 통보하도록 하고 있다. 이때 방송위원회는 불공정한 선거방송을 한 방송사에 대하여 통보받은 제재조치 등을 지체 없이 명하지 않으면 안 된다. 여기서 선거방송 심의위원회가 정할 수 있는 제재조치에는 시청자에 대한 사과, 해당 방송프로그램의 정정·중지, 방송편성책임자 또는 해당 방송프로그램의 관계자에 대한 징계 등이 포함된다.

한편 〈선거방송 심의위원회의 구성과 운영에 관한 규칙〉(제정 2000. 3. 17. 방송위원회규칙 제6호, 개정 2006. 1. 24. 방송위원회규칙 제87호) 제11조 제2항에 의하면, 선거방송 심의위원회가 심의기준을 위반한 정도가 경미하다고 판단할 경우 주의 또는 경고를 정할 수도 있다.

그런데 선거방송 심의위원회가 제재수단으로 선택할 수 있는 내용 가운데 특히 "시청자에 대한 사과" 부분은 선거활동을 감시하는 언론의 취재활동을 위축시키고 국민의 알권리를 침해할 가능성이 크다는 지적을 피하기 어렵다.

뿐만 아니라 "시청자에 대한 사과"의 명령은 관련방송인에 대해서 양심의 사유를 침해하는 조치가 될 수 있다. 아무리 이 규정이 피해구제절차를 단축하여 신속한 결정을 내림으로써 선거보도에 따른 불이익을 최소화하려는 의도에서 신설된 것이었다고 하더라도, 본래 사과란 마음속에서 저절로 형성되어 진심으로 우러나올 때 의미가 있는 것임에도 불구하고 시청자에 대한 사과를 강요하는 것은 인간의 내면적 양심을 왜곡·굴절시킬 위험이 있다고 할 것이다.

헌법재판소도 1991년에 사과문게재의 요구와 관련한 민법조항에 대해 "사과광고를 강제로 요구하는 것은 국가가 재판이라는 권력작용을 통해 자기신념에 반해 윤리적 판단을 하는 등 헌법이 보호하고자 하는 양심의 자유를 제약한다"는 위헌결정을 내린 바도 있다.[17] 이에 비추어볼 때 여기의 사과명령 또한 사죄광고와 마찬가지로 양심의 자유를 침해할 가능성이 큰 것으로 판단된다.

② 시정요구사항의 심의의결

〈공직선거법〉상 후보자 및 후보자가 되고자 하는 자는 선거일

17) 헌재 1991. 4. 1. 89헌마160, 민법 제764조의 위헌여부에 관한 헌법소원, 헌재판례집 3, 149~159쪽.

전 120일부터 선거방송의 내용이 불공정하다고 인정되는 경우에는 선거방송 심의위원회에 그 시정을 요구할 수 있고, 선거방송 심의위원회는 지체 없이 이를 심의·의결하여야 한다(제8조의2 제6항). 이는 당사자의 직접적인 참여를 통한 선거방송의 공정성을 확보하고자 하는 취지로 이해할 수 있다.[18]

그런데 선거방송 심의위원회가 그러한 시정요구에 대해 심의한 결과 이유 있다고 판단될 때 어떤 조치를 취할 수 있는지가 법률규정상 명확하게 드러나 있지 않다. 단순히 선거방송의 내용이 불공정하다는 사실을 확인하는 데 그치는 것인지, 아니면 방송사에 대한 시정조치나 제재조치를 정하여 방송위원회에 통보할 수 있는 것인지 궁금하다.

생각건대 시정을 요구한 사안에 대한 심의인 점을 감안할 때 당연히 선거방송의 불공정을 시정하는 조치를 결정하되, 시정이 불가능한 경우 그에 상응하는 제재조치를 의결해야 할 것으로 본다. 〈선거방송 심의위원회의 구성과 운영에 관한 규칙〉 제14조 제3항에서도 심의결과 불공정한 선거방송이라고 인정하는 경우 동심의위원회는 직권사항의 심의에서와 같은 시정 및 제재조치를 정할 수 있도록 하고 있다.

18) 성낙인, "선거법과 언론", 〈서울대학교 법학〉 제43권 3호(통권 124호), 서울대학교 법학연구소, 2002. 9., 237쪽.

(3) 반론보도청구의 심의의결 (분쟁조정권)

① 〈공직선거법〉 제8조의4에 의하면, 임기만료에 의한 선거의 선거일 전 90일부터 선거일까지 방송에 공표된 인신공격, 정책의 왜곡선전 등으로 피해를 받은 정당 또는 후보자는 그 방송이 있음을 안 날부터 10일 이내에 서면으로 당해 방송을 한 방송사에 반론보도의 방송을 청구할 수 있는데(제1항), 반론보도방송의 청구를 받은 방송사는 지체 없이 당해 정당, 후보자 등과 협의한 후 무료로 반론보도의 방송을 하여야 한다(제2항). 하지만 반론보도의 협의가 원만하게 이루어지지 않을 경우 당해 정당, 후보자, 방송사는 선거방송 심의위원회에 즉각 이를 회부하고, 선거방송 심의위원회는 회부받은 때부터 48시간 이내에 심의하여 각하·기각 또는 인용결정을 한 후 지체 없이 이를 당해 정당 또는 후보자와 방송사 또는 언론사에 통지하여야 한다. 이 경우 반론보도의 인용결정을 하는 때에는 반론방송의 내용·크기·횟수 기타 반론보도에 필요한 사항을 함께 결정하여야 한다(제3항).

② 이러한 반론보도와 관련하여서는 과거 〈방송법〉에서도 언론중재위원회에 의한 중재절차를 두고 있었다. 아무튼 이처럼 일반적인 반론보도의 규정과 별도로 〈공직선거법〉상 선거방송의 반론보도와 관련한 특칙을 굳이 마련할 필요가 있었을까 하는 의문이 제기될 수 있다. 물론 〈공직선거법〉상의 특칙은 선거방송의 특성을 고려하여 신속한 분쟁의 해결을 가능하게 하려는 측면이 있는 것도 사실이다.

하지만 그러한 특칙으로 말미암아 반론보도청구권을 규정하고 있는 다른 법률의 규정과 중첩되는 것은 물론이고, 반론보도를 둘러싼 분쟁해결절차에 있어서 기능상의 혼란이 초래될 위험성도 없지 않다. 최근 2005년 1월 27일 제정된 〈언론중재 및 피해구제등에 관한 법률〉(제정 2005. 1. 27. 법률 제7370호)[19]은 과거 〈정기간행물의 등록 등에 관한 법률〉 〈방송법〉 등 각 개별법에 분산 규정되어 있던 언론피해구제제도를 일원화하였다. 이러한 통합적 규율의 취지를 고려할 때 반론권 특칙은 〈언론중재 및 피해구제등에 관한 법률〉에 규정하는 것이 바람직하다고 볼 수 있다.

③ 또한 선거방송 심의위원회는 선거방송의 공정성에 관한 사항을 심의하고 의결하는 기관이지, 법적인 분쟁을 조정 또는 중재하거나 최종적으로 해결하는 곳으로 보기는 어렵다. 더욱이 선거방송 심의위원회는 서울에 소재하고 있기 때문에 지방방송사의 보도에 대한 반론보도청구도 서울에 소재해 있는 선거방송 심의위원회에서 처리하는 불편함이 있다. 따라서 선거방송에 대한 반론권의 관할기관은 언론중재위원회로 통일할 필요가 있다고 본다.[20]

④ 한편 임기만료에 의한 선거의 선거일 전 90일부터 선거방송

---

19) 개정이유: 정기간행물의 등록등에 관한 법률 · 방송법 등 각 개별법에 분산 규정되어 있던 언론피해 구제제도를 포괄하여 이 법에 단일화하고, 언론보도로 침해된 국민의 권리구제를 확대하기 위하여 청구기간을 확대하며, 종전의 중재제도를 조정과 중재로 구분하고 중재위원회의 조정이나 중재절차에 의하여도 손해배상을 받을 수 있게 하는 한편, 언론의 자유와 독립에 상응한 언론의 사회적 책임을 분담하게 함으로써 공정한 여론형성과 언론의 공적 책임의 실현에 기여하도록 하려는 것임.

20) 동지: 양삼승, "'언론피해구제법'(가칭) 제정을 위한 입법론적 방안," 〈언론중재〉 2000년 겨울호.

심의위원회가 언론중재의 기능을 담당하는 것은 〈공직선거법〉상의 선거기간의 설정이나 특칙설정의 목적과 부합하는지도 의문이다. 선거가 실시되기 90일 전부터 선거보도가 홍수를 이룰 것이라는 점에서 선거방송에 대한 심의를 강화하는 것은 충분히 납득할 수 있다. 그러나 현행 〈공직선거법〉은 선거기간을 엄격하게 설정하고 있다. 따라서 선거보도에 대한 반론권 특칙제도는 〈공직선거법〉상의 선거기간과 균형을 이루기 위하여서도 선거기간에 한정하여 적용하는 것이 바람직할 것이다.[21)]

⑤ 아울러 반론보도청구는 반드시 방송사를 거치도록 함으로써 결과적으로 시간을 낭비하게 된다. 1997년 이 특칙을 도입할 당시 당사자협의(청구시점으로부터 48시간 이내) → 협의 불성립 → 선거방송 심의위원회(48시간 이내)의 구도를 취하고 있어서 결과적으로 최대 96시간이 소요될 수 있었다. 하지만 2000년의 법개정으로 당사자의 청구 → 당사자의 협의(즉시) → 48시간 이내 반론보도 / 협의 불성립 → 선거방송 심의위원회 회부(즉시) → 48시간 이내에 심의라는 구도로 바뀌었다. 이에 따라 반론보도청구시점으로부터 반론보도시점까지의 시간이 48 + α가 소요된다.[22)]

이 점은 의미 있는 진전이라고 볼 수 있다. 하지만 당사자는 방송사를 거치든지 아니면 곧바로 언론중재위원회(혹은 선거방송 심의위원회)에 제소하든지 일반적인 언론중재처럼 선택권을 행사할 수 있도록 하여야 한다. 프랑스의 입법례처럼 24시간은 아니더라도 적어도 48시간 이내에 당사자간의 협의에 의하든 언론중재위원회를

21) 성낙인, 《언론정보법》, 나남출판, 1998, 315쪽.

22) 성낙인, "선거법과 언론", 241쪽.

통하든 간에 반론보도여부에 관한 최종적인 결정이 내려질 수 있도록 입법이 이루어져야 할 것이다.[23]

3) 형사처벌조항의 문제점

(1) 입법취지

〈공직선거법〉은 선거방송 심의위원회의 결정에 따른 제재조치 등을 통보받고 지체 없이 이를 이행하지 아니한 자에 대해 2년 이하의 징역 또는 400만원 이하의 벌금에 처할 수 있도록 규정하고 있다(제256조 제2항 제3호). 이 조항의 취지는 준사법적 기능을 가졌다고 볼 수 있는 선거방송 심의위원회의 결정에 따라 선거보도에 따른 피해가 신속하게 구제될 수 있도록 하려는 데 있는 것으로 추측이 된다.

(2) 죄형법정주의 위배여부

하지만 이러한 형사처벌의 조항에서조차 "통보를 받고 지체 없이"라는 불확정개념을 사용하고 있는 것은 죄형법정주의의 관점에서 문제가 있다.

어떠한 행위가 범죄로 되고 그 범죄에 대하여 어떤 처벌을 할 것인가는 미리 성문의 법률에 규정되어 있어야 한다는 원칙을 의미하는 죄형법정주의는 근대국가에서 크게 두 가지의 기능을 수행하는

23) 위의 글, 242~243쪽.

것으로 이해되고 있다. 첫 번째는 아무리 사회적으로 비난받을만한 행위라 할지라도 의회가 제정한 형식적인 법률이 이를 범죄로 규정하지 않고 있는 한 이를 처벌할 수 없고, 나아가 범죄로 규정되어 있는 행위라고 하더라도 이에 대하여 법률이 예정하고 있지 않은 형벌을 부과할 수는 없다는 것이다. 두 번째로 죄형법정주의는 무엇이 처벌될 행위인가를 국민이 예측가능한 형식으로 정하도록 하여 개인의 법적 안정성을 보호하고 성문의 형벌법규에 의한 실정법 질서를 확립하여 국가형벌권의 자의적 행사로부터 개인의 자유와 권리를 보장하는 기능을 한다.

어쨌든 여기서 문제되고 있는 "지체 없이"라는 의미를 제재조치 등의 이행에 소요되는 상당한 기간 내라고 해석할 수도 있겠으나, 설령 그렇다고 하더라도 그 기간의 상당성에 대한 논란까지 피하기는 어려울 것이다. 따라서 죄형법정주의의 한 내용이라 할 수 있는 명확성의 원칙을 충족하기 어렵다고 하겠다.

(3) 과잉금지원칙의 위배여부

또한 방송심의위원회의 결정이 사실상 형사처벌로 이어지도록 한 점도 직접 실형 또는 벌금형이라는 사법적 판단을 하는 위치에 있지도 않은 선거방송 심의위원회가 사실상 사법적 결정을 하는 것에 해당하므로 위헌적이라는 지적이 있다.[24] 참고로 2000년에 개정된 〈공직선거법〉은 선거기간 중에 설치되는 선거기사심의위원회가 기사내용이 공정하지 않다고 인정하면 신문사로 하여금 사과문

24) 김서중, "언론자유와 선거보도에 대한 규제", 〈언론중재〉 2002년 봄호, 13~14쪽 참조.

또는 정정보도문을 게재하도록 규정하고 있다. 그런데 이 벌칙조항은 위헌소지를 지녔다는 지적이 16대 국회의원 선거기사심의위원회 소집 첫날 회의에서 제기되었다. 언론중재위원회의 명령을 이행하지 않았다고 하여 곧바로 형사처벌까지 할 수 있느냐 하는 점이 논란의 대상이 되었던 것이다.

생각건대 선거방송 심의위원회의 경우에도 이와 같은 규정은 선거활동을 감시하는 언론의 취재활동을 위축시키고 나아가 국민의 알권리를 침해할 가능성이 있다. 그렇지 않아도 〈공직선거법〉에서의 공정성 논의는 언론사로서 언론자유를 수호하는 방송사라는 측면을 강조하지 못하고, 일방적으로 규제적인 측면을 강조함으로써 언론의 자유를 지나치게 위축시키는 문제가 있는 바이다. 더욱이 사법적 판단을 거치지 않고도 곧바로 형사처벌로 이어질 가능성이 매우 높아 권력분립의 원리와 3심재판제도에 어긋날 수 있다.[25]

따라서 선거방송 심의위원회의 결정에 대한 제재조치에 따르지 아니할 경우 선거방송 심의위원회나 방송위원회가 검찰에 고발할 수 있도록 하고, 검찰의 공소제기를 기다려 법원이 제재조치의 불이행에 대한 처벌이 아니라 불공정한 보도를 한 것 자체에 대해 형벌을 부과할 수 있도록 하는 것이 바람직할 것이다. 다만 선거방송 심의위원회의 결정에 따른 방송위원회의 조치에 불응할 경우 즉시 또는 그 지연기간에 따라 과태료의 제재를 가하는 것은 무방하다고 본다.

---

25) 김영호, "신문-방송-인터넷 선거보도 통합 심의기구 필요", 〈열린미디어 열린사회〉 2002년 봄호, 56쪽 참조.

4) 재심청구의 근거와 절차

(1) 문제의 소재

선거방송 심의위원회가 결정한 제재조치에 대하여 불만을 가진 당사자는 그러한 제재결정에 대해 재심을 청구할 수 있을지에 대해서는 선거방송 심의위원회와 관련된 법령상 아무런 규정을 두고 있지 않다. 하지만 〈방송법〉 제100조 제4항에서는 방송위원회의 제재조치에 이의가 있는 자는 재심을 청구할 수 있도록 하고 있다.

이로 말미암아 〈방송법〉상의 재심조항이 선거방송 심의결과에 따른 제재조치의 재심근거가 될 수 있는지, 그리고 인정된다고 하더라도 방송위원회가 재심의 주체가 될 수 있는지를 둘러싸고 논란이 일고 있다.

(2) 견해의 대립

① 방송위원회 재심설

〈공직선거법〉 제8조의 2에 의하면, 선거방송 심의위원회는 독자적 명의로 제재조치를 해당 방송사업자에게 직접 처분할 권한이 없고, 방송위원회에 통보할 권한만 있으며, 방송위원회는 선거방송 위원회로부터 통보받은 제재조치를 해당 방송사에 지체 없이 명할 의무가 있다. 그리고 〈방송법〉 제100조 제1항의 제재조치를 명하는 처분청은 방송위원회이다. 이러한 관점에서 〈방송법〉 제100조 제4항에 따라 재심청구는 허용될 뿐만 아니라, 그 재심주체는 처분청인 방송위원회가 될 수 있다는 것이다.

② 선거방송 심의위원회 재심설

〈공직선거법〉 제 8조의 2에 따라 불공정보도를 한 방송사에 대하여 제재조치를 취할 수 있는 주체는 방송위원회이므로, 해당 방송사업자는 선거방송 심의위원회의 통보에 따라 행한 제재명령에 대하여 〈방송법〉 제 100조 제 4항에 따라 방송위원회에 재심을 청구할 수 있다고 한다. 그러나 선거방송의 불공정성 여부에 대한 판단은 〈공직선거법〉상 선거방송 심의위원회의 권한에 속하는 사항이고, 선거방송 심의위원회의 결정을 단순히 집행하는 데 불과한 방송위원회는 선거방송 심의위원회의 결정의 적절성을 판단할 수 없다고 본다. 따라서 원심 결정의 타당성여부를 판단하는 재심에 있어서도 선거방송 심의위원회가 판단의 주체가 되어야 한다는 것이다.

③ 재심 부정설

선거방송 심의위원회의 구성근거는 〈방송법〉이 아닌 〈공직선거법〉이며, 방송위원회는 선거방송 심의위원회에서 통보해온 내용을 해당 방송사에 제재조치 등을 명령하는 형식적인 제재조치권을 가질 뿐이다. 이러한 점에서 〈방송법〉에서 규정하고 있는 각종 위원회가 방송위원회의 보조기관으로서 존재하는 것과는 기본적으로 다른 성격이므로, 〈방송법〉 제 100조 제 4항을 근거로 해당 방송사가 재심을 청구하는 것은 불가능하다고 한다. 해당 방송사의 권익은 사전에 의견진술기회를 활용하거나 사후에 행정소송을 제기함으로써 충분히 보호받을 수 있다는 입장이다.

(3) 선거방송 심의 관련 재심사례

① 제16대 국회의원 선거방송 심의관련 재심

2000년 4월 19일 선거방송 심의위원회에서 '시청자에 대한 사과' 및 '해당 방송프로그램의 관계자에 대한 징계'로 의결한 프로그램과 관련하여 해당 방송사(KBS 1TV)에서 방송위원회에 재심을 청구하였다. 이에 대해 2000년 6월 19일 방송위원회는 재심을 하여 원심의 결정을 변경하였다.

방송위원회는 KBS의 자세직인 사과방송에서 방송위원회와 선거방송 심의위원회의 권고에 따른 사과방송임을 명시하는 등 내용 면에서 성의 있게 방송함으로써 타방송사의 경우와는 차별성이 있다고 판단하였다.

② 제3회 전국동시지방선거방송 심의관련 재심

2002년 6월 14일 선거방송 심의위원회에서 '시청자에 대한 사과'로 의결한 프로그램과 관련하여 해당 방송사(MBC-TV, YTN)에서 방송위원회에 재심을 청구하였다. 이에 대해 2002년 6월 28일 방송위원회의 상임위원회는 재심을 하기로 하고 재심의 결정이 있을 때까지 원심의 집행을 보류하기로 의결하였다. 이어서 방송위원회는 2002년 7월 8일 재심을 한 후 이유 있다고 인정하여 '경고 및 해당 방송프로그램의 관계자에 대한 경고'로 원심의 결정을 변경하였다.

MBC-TV의 경우 유사 사안의 동일 프로그램에 대해 '경고'조치로 의결된 사안이 방송사에 통지되기 전에 해당 프로그램이 이미 방송되었고, 타 위반사례와 제재의 형평성을 감안하여 볼 때 법정제재조치를 취하는 것은 지나치다고 보았고, YTN의 경우 문제된 프로그램의 내용이 긍정적으로 평가받는 시정에 관한 것이고 관련사항에 대하여 중앙선거관리위원회에 질의하는 등 어느 정도 선거방송에 대한 주의노력을 기울였음을 감안할 때 법정제재조치를 취하는 것은 지나치다고 보았다.

③ 제17대 국회의원선거방송 심의관련 재심

2004년 4월 26일 선거방송 심의위원에서 '시청자에 대한 사과'로 의결한 프로그램과 관련하여 해당 방송사(KBS 1TV, MBC-TV)에서 선거방송 심의위원회의 임기가 만료된 후 재심을 청구하였다. 이에 대해 2004년 7월 22일 방송위원회는 재심을 방송위원회에서 처리하는 것은 부적합한 것으로 판단하여 각하하였다.

선거방송 심의위원회의 구성근거는 〈방송법〉이 아닌 〈공직선거법〉이고, 방송위원회는 선거방송 심의위원회에서 통보해온 내용을 해당 방송사에 명령하는 형식적인 제재조치권을 가지고 있으며, 선거법에 불복절차를 규정하고 있지 않으므로 방송위원회에서 재심을 처리하는 것은 부적합하다는 것이 그 논거였다.

이는 〈공직선거법〉에 불복절차를 규정하고 있지 않다는 중앙선거관리위원회의 유권해석(2004. 6. 12)에 따른 것으로 보인다.

(4) 검토

생각건대 의결기관인 선거방송 심의위원회가 대외적 의사표명을 할 수 있는 법적 지위에 있지 못하기 때문에 방송위원회의 제재명령권을 빌리는 형식을 취하고 있을 뿐이다. 그리고 선거보도의 불공정성, 제재의 필요성과 정도 등에 대한 판단은 선거방송 심의위원회에서 이루어진다. 그런데 선거방송 심의에 관한 한 아무런 권한도 없는 방송위원회가 선거방송 심의위원회의 판단에 잘못이 있었는지를 점검한다는 것은 자연스럽지 못하다. 그렇다고 선거방송 심의위원회가 재심을 할 수 있도록 하면 문제가 아주 없는 것도 아니다. 선거방송 심의위원회가 활동 중인 때 재심청구가 있으면 재심을 할 수 있겠지만, 그 활동기간이 끝나고 난 경우 재심의 청구가 무용하게 된다. 이렇게 되면 불공정보도의 시점에 따라 혹은 원심의 처리상황에 따라 재심청구의 가능성이 달라질 수 있어서 형평성의 문제가 제기될 수 있다. 이처럼 재심의 기회를 제한적으로만 보장해야 한다면, 〈공직선거법〉상 근거도 없는 상태에서 굳이 재심절차를 인정할 필요가 있을지 의문이다. 해당 방송사는 그러한 재심의 절차를 통하지 않더라도 선거방송 심의절차에서 의견진술의 기회를 활용하여 방어할 수도 있고, 또 제재조치의 취소를 구하는 행정소송을 통해 다툴 수 있을 것이다.

따라서 현재로서는 재심을 허용하지 않는 것이 옳다고 본다. 다만 피해구제의 기회를 늘려줌으로써 선거방송의 자유에 대한 위축효과가 완화될 수 있다면, 그에 관한 근거규정을 마련하여 재심을 허용하는 것은 바람직한 방향이 될 것이다.

3. 선거방송 심의위원회의 제도적 개선방안

1) 선거방송 심의위원회의 구성과 권한의 문제

(1) 구성방법의 개선

정당대표들은 심의과정에서 내부 긴장도를 높이고 상호 견제하도록 하는 효과가 있으나, 방송프로그램에 대한 심의가 정치적 역학관계와 타협에 의해 진행되고 결과적으로 공정성이 훼손될 우려가 있다. 생각건대 방송의 편성권과 정치적 표현의 자유를 신장시킨다는 차원에서 선거보도의 공정성에 관한 자율적 규제의 요소를 보다 강화하는 것이 바람직하다고 본다. 정당추천제를 폐지할 경우 정당에 할당된 인원을 언론인단체에서 추천할 수 있도록 하는 것이 좋을 것으로 생각된다. 이 경우 〈공직선거법〉의 개정을 통해 언론인단체에서 추천하는 2인 이상의 위원을 포함하도록 하고, 〈선거방송 심의위원회의 구성과 운영에 관한 규칙〉 제3조 제2항에서 언론인단체로서 방송기자협회, PD협회 등을 명기하는 방안을 검토해 볼 수 있다.

그리고 대표성이 모호한 시민단체에 위원추천권을 부여하는 것은 현실적으로나 전문성 차원에서나 문제가 있다. 따라서 시민단체 추천제를 폐지하는 대신에 선거방송 심의위원회의 업무와 관련되는 기구에 추천권을 부여하는 것이 바람직할 것으로 본다. 가령 반론보도의 특칙을 그대로 유지한다고 할 때 언론중재기관으로서의 전문성을 고려하여 언론중재위원회에도 위원추천권을 부여하는 것이 필요하다고 본다. 그리고 방송위원회의 위원추천에 관한 법적 근거가 없다는 문제점을 해소하기 위하여 법률의 개정을 통하여 방송위원회도 합법적으로 선거방송 심의위원회 위원의 추천권을 행사하도록 하는 것이 좋을 것이다.

한편 대한변호사협회의 경우 유달리 특정단체의 고유한 명칭을 써서 위원추천권을 주고 있다. 하지만 과거 변호사단체가 유일할 때는 문제가 없었으나, 복수의 변호사단체가 존재하고 있는 현 상황에서는 관련단체간에 형평성의 시비가 발생할 수도 있다. 따라서 이것을 '변호사단체' 정도로 개정하는 것이 바람직할 것이다.

그밖에 선거방송 심의위원회의 위원 선임절차에서 전 국민을 대상으로 공모하는 것과 같은 공개적 절차의 도입을 검토할 필요가 있다. 그리고 심의과정에서 특별한 물의를 일으킨 위원이 있을 경우 그에 대한 소환 또는 해촉을 하는 방안도 고려할 필요가 있다.

심의위원회는 선거방송에 대한 규제 일변도로 나가기보다는 좀 더 공정하고, 사실적이며, 객관적이고, 유익한 선거방송을 가능하도록 한다는 전망을 가지고 일할 필요가 있다. 뿐만 아니라 위원들은 방송에 대한 이해도 풍부하고, 언론과 표현의 자유에 대한 확고한 신념도 가질 필요가 있다. 따라서 선거방송 심의위원회에는 다양한 방송업무와 프로그램에 대해서 상당한 지식과 이해를 가지고 있는 인사가 위원으로 참여할 필요도 있다.

(2) 권한문제의 개선

시청자에 대한 사과명령은 선거활동을 감시하는 언론의 취재활동을 위축시키고 인간의 내면적 양심을 왜곡·굴절시킬 위험이 있는 만큼, 선거방송 심의위원회가 제재수단으로 선택할 수 있는 내용 가운데 "시청자에 대한 사과" 부분은 삭제하는 것이 바람직하다고 본다.

선거방송 심의위원회가 제재조치의 내용을 정하여 방송위원회에 통보만 하도록 하는 것이 과연 합당한지에 대해서도 재검토가 있어야 할 것이다. 만일 선거방송 심의위원회를 독립적인 상설기구로 전환한다고 할 때 그 제재조치의 처분청은 선거방송 심의위원회가 되도록 하는 것이 바람직할 것으로 본다. 이와 아울러 그 처분에 대해 이의가 제기될 경우에 대비하여 재심절차에 관한 규정을 명확히 하는 것도 필요할 것이다.

2) 선거방송 심의위원회의 상설화

선거방송 심의위원회는 선거일 전 120일부터 선거일 후 30일까지 운영되는 한시적 기구이다. 따라서 선거가 실시될 때마다 위원회가 설치되고 그 위원회가 선거보도의 공정성을 보장하기 위해 필요한 사항을 정하여 공표하도록 규정하고 있다. 그런데 위원회가 설치될 때마다 해당 규칙을 제정·공포하는 데는 현실적인 문제가 대두된다. 선거 때마다 새 규정을 제정하면 전례와 일치하지 않는 모순을 낳을 수 있다.

또한 선거방송 심의위원회를 선거일 120일 전에 설치하도록 규정한 조항도 현실적인 문제를 야기하고 있다. 가령 대통령만 바뀌면 주요관직은 물론이고 민간분야까지 영향을 미쳐 대통령의 지연·학연과 연결되는 거대한 인맥이 형성되고 그 세력이 지배권력으로 군림한다. 이런 현실적인 문제로 인해 차기 대통령 후보가 선거개시 2~3년 전부터 거론된다. 대통령이 바뀌면 모든 것이 바뀌니 모든 국민의 관심사가 아닐 수 없다. 실제 후보자를 뽑는 경선제가 도입되면서 선거일과 상관없이 실질적으로 사전선거운동이 이루어지고 이에 따른 불공정한 선거기사가 보도되고 있는 것이 현실이다. 하지만 여기에 대해서는 어떤 규제장치도 없다. 이런 문제점은 앞으로 선거법을 개정하는 과정에서 충분히 논의되어야 점이다.

오늘날 대통령선거, 국회의원선거, 전국지방동시선거 등의 공직선거가 일정한 주기를 띠지 않고 실시될 뿐만 아니라, 그 각각의 재·보궐선거 또한 빈번하게 치러진다. 그래서 어떤 경우에는 해마다 공직선거가 예정되어 있거나 혹은 같은 해에 수차례 선거가 실시되기도 한다. 또한 오늘날 미디어에 의한 선거운동이 상시화되고 있는 실정도 무시할 수 없다. 따라서 선거방송의 공정성에 대한 심의의 필요성은 비단 특정한 시기에 국한된다고 보기 어렵다. 이러한 점에서 선거방송 심의위원회를 상설화하는 것이 바람직하다고 판단된다. 그 구체적인 방향은 같은 선거보도심의기구이지만 상설기구로서 설치·운영되고 있는 인터넷선거보도심의위원회의 예에 준하여 선거방송 심의위원회 위원들의 임기를 3년으로 하고, 업무의 연속성이나 전문성의 제고를 위해 1차에 한하여 연임할 수 있도록 하는 것도 검토해볼 수 있을 것이다. 그리고 위원장 1인 이외에 적어도 상임위원 1인을 두는 것도 필요할 것이다. 한편 선거방송의 심의를 지원하기 위해 방송위원회의 내부인력을 일시적으로 차출하는 방식은 곤란하다고 본다. 선거방송 심의위원회를 상설기구로 전환할 경우 선거방송 심의위원회의 사무를 처리하기 위하여 별도의 사무국을 두도록 해야 할 것이다.

3) 매체별 심의기구의 통합

선거방송 심의위원회는 선거일 전 120일부터 선거일 후 30일까지 운영되는 한시적 기구이다. 따라서 선거가 실시될 때마다 위원회가 설치되고 그 위원회가 선거보도의 공정성을 보장하기 위해 필요한 사항을 정하여 공표하도록 규정하고 있다. 그런데 위원회가 설치될 때마다 해당 규칙을 제정·공포하는 데는 현실적인 문제가 대두된다. 선거 때마다 새 규정을 제정하면 전례와 일치하지 않는 모순을 낳을 수 있기 때문이다.

다른 한편으로 선거방송 심의위원회의 운영규칙은 방송위원회가, 선거기사심의위원회의 운영규칙은 언론중재위원회가 정하도록 규정한 부문도 논란이 될 수 있다. 〈공직선거법〉에 따라 설치된 독립기구가 방송위원회나 언론중재위원회가 제정한 규정의 적용대상이 된다면, 선거방송 심의위원회가 방송위원회나 언론중재위원회의 하부조직으로 오해될 소지가 있다.

물론 선거보도를 전문적으로 심의하는 기구를 설치하여 편파적이고 왜곡된 보도를 미연에 방지하고 발생된 피해를 신속하게 구제할 필요가 있지만, 선거보도에 대한 심의라는 공통점에도 불구하고 전담기구를 매체별로 분리하여 설치·운영하도록 하는 것은 조직상의 효율이나 역량의 축적이라는 측면에서 큰 손실이 발생할 수도 있다. 더군다나 국민들의 입장에서 볼 때 복수의 심의기구를 병존시키는 것은 피해구제절차에 대한 혼란을 야기할 우려도 있다. 따라서 3개 매체의 심의기능을 통합해서 일원화하는 방안을 진지하게 모색할 필요가 있다.[26] 이 경우 선거보도의 공정성을 심의하는 문제는 일반적인 선거운동의 규제라는 관점이 아니라 언론의 자유가 최대한 존중될 수 있는 방향으로 신중한 접근이 이루어지는 것이 중요하다. 또한 선거보도의 공정성 판단에 있어서 언론매체의 특성이 충분히 고려될 수 있어야 할 것이다.

생각건대 선거보도의 공정성에 관한 심의의결은 큰 틀에 있어서 언론보도로 인한 분쟁을 예방하거나 조정하는 기능을 일정 부분 수행한다고 볼 수도 있다. 그렇다면 〈정기간행물의 등록등에 관한 법률〉 〈방송법〉 등 각 개별법에 분산 규정되어 있던 언론피해 구제제도를 포괄하여 단일화하고 있는 〈언론중재 및 피해구제등에 관한 법률〉에서 선거보도심의제도를 규율하도록 하고, 그 설치 · 운영에 필요한 제반업무는 언론중재위원회에서 담당하게 하는 것도 한 번쯤 검토해볼 만할 것이다.

26) 동지: 김영호, 앞의 글, 63쪽 참조.

4. 관련법령의 합헌성 검토

1) 문제의 소재

〈방송법〉은 방송에 대해 공적 책임을 부과하고(제5조), 공공성과 공정성을 지키도록 하고 있다(제6조). 나아가 방송위원회로 하여금 정보의 내용이 공정성과 공공성을 유지하고 있는지의 여부와 공적 책임을 준수하고 있는지의 여부를 심의·의결하도록 하면서(제32조 제1항), 방송의 공정성 및 공공성에 대한 심의를 효율적으로 수행하기 위하여 심의위원회를 둘 수 있도록 하고 있다(제34조 제1항). 또한 방송위원회로 하여금 방송의 공정성 및 공공성을 심의하기 위하여 방송심의에 관한 규정(이른바 심의규정)을 제정·공표하도록 하고 있다.[27]

한편 〈공직선거법〉도 선거의 공정을 해쳐서는 아니 된다고 규정하고 있으며(제8조), 나아가 선거방송 심의위원회로 하여금 선거방송의 공정여부를 조사하도록 하고, 조사결과 선거방송의 내용이 공정하지 아니하다고 인정되는 경우에는 시청자에 대한 사과 등의 제재조치를 결정할 수 있도록 하고 있다(제8조의2 제5항).

그밖에 선거방송 및 선거방송 심의위원회와 관련된 법규정으로

27) 이 심의규정에는 헌법의 민주적 기본질서의 유지와 인권존중에 관한 사항, 건전한 가정생활보호에 관한 사항, 아동 및 청소년의 보호와 건전한 인격형성에 관한 사항, 공중도덕과 사회윤리에 관한 사항, 양성평등에 관한 사항, 국제적 우의 증진에 관한 사항, 장애인 등 방송소외계층의 권익증진에 관한 사항, 민족문화의 창달과 민족의 주체성 함양에 관한 사항, 보도·논평의 공정성·공공성에 관한 사항, 언어순화에 관한 사항, 시정 및 제재조치에 관한 사항 등이 포함되도록 하고 있다(〈방송법〉 제34조 제2항).

는 〈선거방송 심의에 관한 특별규정〉, 〈방송심의에 관한 규정〉 중 선거방송관련 조항, 〈선거방송 심의위원회의 구성과 운영에 관한 규칙〉, 〈공직선거관리규칙〉 중 선거방송관련 조항 등이 있다. 이 가운데 선거와 관련된 방송프로그램을 규율하는 대표적인 규정은 방송위원회의 〈선거방송 심의에 관한 특별규정〉과 그 모법인 〈공직선거법〉 제 93조 제 2항이라고 할 수 있다.

아무튼 이러한 선거방송 관련법령들에는 지나치게 추상적이고 모호한 표현들이 상당수 발견된다. 가령 〈선거방송 심의에 관한 특별규정〉(제정 2000. 3. 17. 방송위원회규칙 제 7호, 개정 2006. 1. 31. 방송위원회규칙 제 88호)에 규정되어 있는 후보자와 정당에 대한 정치적 중립, 공정성, 형평성, 객관성 등의 표현이 단적인 예이다. 이처럼 다의적 해석이 가능한 문언들은 그것이 과연 도덕적 윤리기준인지 법적 기준인지 가늠하기 힘들게 하고 있다.

또한 선거방송의 공정성을 확보하기 위한 법적 수단들이 방송의 자유를 지나치게 위축시키는 것이 아닌가 하는 근본적인 의문이 제기되고 있다. 선거방송에 대한 규제에는 선거의 공정성과 방송의 공정성이라는 양 측면이 복합적으로 작용하고 있다. 그러나 선거방송과 관련하여서는 선거와 방송에서의 공정성과 자유가 서로 조화를 이루어야 함에도, 공정성이 지나치게 강조되다보니 자유에 대한 과도한 규제가 행해지고 있는 것은 아닌가 하는 지적을 피하기 어렵다. 선거와 방송의 공정성을 강조하면 할수록 선거방송의 자유는 실종되고 공정이란 잣대에 의한 규제만이 전면에 나서는 문제가 있다.

선거방송의 공정성을 심의하는 제도는 기본적으로 방송내용에 대한 규제라고 할 수 있는 만큼, 기본권제한의 일반적 요건을 충족하여야 한다. 미국의 경우 언론의 자유에 대해서는 다른 기본권보다도 사기준이 적용되며, 규제법규의 용어나 내용이 광범위하거나 막연한 경우에는 무효가 된다는 원칙이 판례법을 통해 확립되어왔다. 이러한 내용은 우리 헌법의 해석론에 있어서 기본권제한의 일반원칙을 통해 설명될 수 있다. 기본권의 제한이 정당화되기 위해서는 형식적 요건으로서 명확성의 원칙과 위임입법의 한계원리가 충족되어야 하며, 실질적 요건으로서 과잉금지의 원칙과 본질적 내용침해금지의 원칙이 준수되어야 한다. 물론 여기에는 언론의 자유라는 특성이 고려되어야 한다.

따라서 이하에서는 명확성의 원칙과 위임입법의 한계, 과잉금지의 원칙 등에 관한 일반이론을 살펴보고, 그에 기초해서 선거방송 관련법령의 합헌성을 검토해보기로 한다.

2) 명확성원칙의 문제

(1) 의의

명확성의 원칙은 누구나 사전에 자신의 행위를 결정할 수 있도록 처벌대상인 행위 즉, 구성요건과 그러한 행위를 한 경우의 형벌내용을 법률로 명확히 규정하여야 한다는 원칙이다. 이는 위에서 본 바와 같이 범죄와 형벌이 법률로 정해져야 한다는 죄형법정주의원칙에서 파생되는 원칙이라 할 수 있다. 죄형법정주의는 처벌하고자 하는 행위가 무엇이며 그에 대한 형벌이 어떠한 것인지를 누구나 예견할 수 있고 그에 따라 자신의 행위를 결정할 수 있게끔 구성요건을 명확하게 규정할 것을 요구하기 때문이다.

이러한 명확성의 요청을 통해 법률에 범죄와 형벌을 가능한 한 명확하게 규정하여야 법관의 자의를 방지할 수 있고, 국민들에게 어떠한 행위가 금지되어 있고 그 행위에 대하여 어떠한 형벌이 과하여질시를 예측할 수 있도록 하여 규범의 의사결정효력을 담보할 수 있게 된다.

(2) 명확성의 정도

그러나 처벌법규의 구성요건이 다소 광범위하여 일정한 범위 내에서 법관의 보충적인 해석을 필요로 한다고 할지라도 그 점만으로는 헌법이 요구하는 명확성의 원칙을 위반한 것이라고 단언하기는 어렵다.[28] 기술적인 측면에서든 언어적인 측면에서든 해석의 여지가 없을 정도로 100% 명확한 개념이나 어휘만으로 입법을 한다는 것은 불가능하기 때문이다. 따라서 명확성의 원칙이 헌법상 가지는 기능과 명확성의 원칙을 구현함에 있어서의 한계를 종합적으로 고려하여 본다면, 명확성의 원칙은 형사처벌의 대상이 되는 구성요건을 그 수범자인 일반국민들이 쉽게 이해할 수 있을 정도로 가능한 한 명백하고 확장할 수 없는 개념을 사용하여 구체적이고도 명료하게 규정해야 한다는 정도로 이해되어야 할 것이다.

(3) 판단기준

처벌법규의 구성요건이 어느 정도 명확하여야 하는가는 일률적으로 정할 수 없고, 각 구성요건의 특수성과 그러한 법적 규제의

28) 헌재 1996. 12. 26. 93헌바65, 보건범죄 단속에 관한 특별조치법 제5조 위헌 소원.

원인이 된 여건이나 처벌의 정도 등을 고려하여 종합적으로 판단하여야 한다.[29] 그리고 그 구체적인 판단은 통상의 판단능력을 가진 사람이 그 의미를 이해할 수 있었는가를 기준으로 삼아야 한다. 형벌규정에 대한 예측가능성의 유무는 당해 특정조항 하나만을 가지고 판단할 것이 아니라 관련 법 조항 전체를 유기적·체계적으로 종합 판단하여야 하며, 각 대상법률의 성질에 따라 구체적·개별적으로 검토하여야 할 것이다.[30]

(4) 쟁점사항의 구체적 검토

① 〈공직선거법〉 제8조의 2

〈공직선거법〉 제8조의 2는 "선거방송의 공정성"(제1항) 이라거나 혹은 "선거방송의 공정여부"(제5항) 라는 표현을 쓰고 있다. 그런데 앞서 살핀 바와 같이 선거방송의 개념이 명확하게 규정되어 있지 않아 무엇이 선거방송 심의위원회의 심의대상이 되는지 일반 국민들로서는 잘 알기 어렵다. 또한 '공정' 또는 '공정성' 역시 추상적인 개념이어서 그 의미가 모호하다. 하지만 '공정성'에 관해서는 〈선거방송 심의에 관한 특별규정〉 제5조에서 선거에 관한 사항을 공정하게 다루도록 하고(제1항), 방송순서의 배열과 그 내용의 구성에 있어서 특정한 후보자나 정당에게 유리하거나 불리하지 않도록 할 것(제2항) 을 규정하고 있다. 〈공직선거법〉만 보면 '공정성'

29) 헌재 1991. 7. 8. 91헌가4; 1994. 7. 29. 93헌가4등 1994. 7. 29. 93헌가12; 1997. 3. 27. 95헌가17 등 참조.

30) 헌재 1996. 2. 29. 94헌마13.

의 내용을 정확히 이해하기 어렵지만, 관련법령까지 종합하여 해석할 때 그 의미와 내용이 어느 정도 예측할 수 있는 정도라고 할 수 있다. 하지만 헌법이 보장하고 있는 언론의 자유를 침해할 가능성을 안고 있는 심의기준인 만큼 법률에서 그에 대한 부가적 설명을 해주는 것이 바람직할 것으로 본다.

② 〈방송법〉 제33조 제2항 제12호

〈선거방송 심의에 관한 특별규정〉의 법적 근거가 되는 〈방송법〉 제33조를 보면 그 규정의 대상과 범위, 기준 등이 상당히 광범위하고 모호하여 명확성의 원칙에 위배된다는 비판을 면하기 어렵다.[31] 특히 동조 제2항 제12호의 "기타 이 법의 규정에 의한 위원회의 심의업무에 관한 사항"이라는 문언은 구체적으로 심의규정에서 어떠한 내용이 담기게 될지 일반국민의 입장에서는 도무지 예측하기 어렵다고 할 것이다. 이러한 점에서 이 조항은 명확성의 원칙을 충족하고 있지 못하다고 본다.

③ 〈선거방송 심의에 관한 특별규정〉 제13조 제1항

현행 〈선거방송 심의에 관한 특별규정〉(개정 2006. 1. 31. 방송위원회규칙 제88호)은 제13조 제2항에서 "방송은 편견 없는 뉴스가치 판단에 따른 뉴스의 보도에 있어서도 전체적인 형평을 유지하여야 한다. 이 경우 뉴스라 함은 방송사가 편성한 정규뉴스 및 종합구성형식 등의 프로그램에서 방송되는 진실성 있는 보도기사를 말한다"고 규정하고 있다. 그런데 2006년 개정되기 전의 동규정 제1항에서는 '뉴스'라는 표현 대신에 '순수뉴스'라는 용어를 사용하고

31) 박선영, 앞의 책, 220쪽.

있었다. 그래서 '순수뉴스'를 "진실성 있는 보도기사"라는 표현을 통해서 개념을 특정하기가 쉽지 않다는 비판이 제기되어왔다.

생각건대 순수뉴스는 국민의 알권리에 봉사하기 위해 제공되는 정보전달기능의 뉴스를 강조하기 위한 용어라고 추측되지만, 순수뉴스와 그렇지 않은 뉴스에 대한 경계가 불명확한 것은 사실이다. 차라리 현재와 같이 '순수뉴스' 대신 '뉴스'라는 용어를 사용한 것이 동조항의 적용범위를 간단명료하게 하는 데 도움이 될 것이므로 타당한 개정으로 판단된다.

④ 〈선거방송 심의에 관한 특별규정〉 제6조 제1항

〈선거방송 심의에 관한 특별규정〉 제6조 제1항은 "방송은 선거방송에서 후보자와 정당에 대하여 실질적 형평의 원칙에 따라 공평한 관심과 처우를 제공하여야 한다"고 규정한다. 여기서 '실질적 형평의 원칙'에 대한 기준은 그 어디에서도 찾아볼 수 없다. '실질적'이라는 의미가 기계적 균형이라는 의미인지, 아니면 전후의 상황을 고려해 제작자나 또는 다른 누군가의 판단이 가능한 것인지의 여부가 불명확하다. 따라서 이는 자의적으로 해석될 수 있는 여지가 있고, 이에 따라 방송을 통제할 수 있도록 악용될 소지도 있으며, 방송을 제작하는 현업인들 사이에서는 혼란을 초래할 수밖에 없다. 따라서 '실질적 형평의 원칙'에 대한 명확한 정의가 필요할 것이다.

3) 위임입법의 한계 문제

(1) 위임입법의 필요성

우리 헌법은 제 40조에서 "입법권은 국회에 속한다"라고 규정하고 있다. 이것은 일체의 입법적 사항을 의회가 직접 규율하여야 한다는 의미가 아니라, 적어도 국민의 권리와 의무의 형성에 관한 사항을 비롯하여 국가의 통치조직과 작용에 관한 기본적이고 본질적인 사항은 반드시 국회가 정하여야 한다는 정도로 이해되어야 한다. 왜냐하면 구체적이고 개별적인 사항 전부를 법률로써 규율하도록 하는 것은 현실적으로 불가능할 뿐만 아니라 반드시 타당한 것이라 할 수도 없으며, 국회의 전문적·기술적 능력의 한계 및 시간적 적응능력의 한계로 말미암아 현실적 변화와 전문적 기술의 발달에 즉각 대응하기 위해서는 국회 제정의 형식적 법률보다 더 탄력성이 있는 행정입법에 위임하는 것이 더욱 바람직할 수도 있기 때문이다. 따라서 전문적인 사항이나 긴급한 집행을 요하는 사안에 있어서는 부득이하게 행정입법에 위임하여 국민의 기본권이나 의무에 관한 중요한 사항을 정하도록 하는 것은 예외적으로 허용된다고 하겠다. 이에 우리 헌법은 제 75조에서 "대통령은 법률에서 구체적으로 범위를 정하여 위임받은 사항과 법률을 집행하기 하기 위하여 필요한 사항에 관하여 대통령령을 발할 수 있다", 제 95조에서 "국무총리 또는 행정각부의 장은 소관사무에 관하여 법률이나 대통령령의 위임 또는 직권으로 총리령 또는 부령을 발할 수 있다"고 규정함으로써 행정기관으로의 위임입법을 인정하고 있다. 여기서 위임입법이란 법률 또는 상위명령에서 구체적으로 범위를 정하여 위임받은 사항에 관하여 법규로서의 성질을 가지는 일반적 · 추상적 규범을 정립하는 것을 의미한다.

한편 위임입법의 양적 증대와 질적 고도화라고 하는 정치수요의 현대적 변용에 대한 제도적 대응이 불가피하다고 하더라도, 권력분립이라는 헌법상의 기본원리와의 조정 또한 불가피하다. 따라서 위와 같은 정치적 · 행정적 수요에 발맞추어 위임입법을 허용하되 그와 함께 권력분립의 원리를 구현하기 위하여나 법치주의의 원리를 수호하기 위하여 위임입법에 대한 통제도 필요하다. 위임입법의 수요가 강하면 강할수록 그에 비례하여 위임입법에 대한 통제의 필요성 또한 강하게 요구되는 것이다.

(2) 위임입법의 한계

① 위임입법은 형식적 의미의 법률에는 속하지 않지만 실질적으로 행정에 의한 입법으로서 법률과 같은 성질을 가지는 법규의 정립이다. 이러한 측면에서 위임입법에 있어서도 권력분립의 원리와 법치주의가 관철될 수밖에 없고, 따라서 법규적 효력을 가지는 행정입법의 제정에는 반드시 구체적이며 명확한 법률의 위임을 요하게 된다. 따라서 일반적 · 포괄적 위임은 허용될 수 없고, 모법에 구체적인 기준과 범위를 정하여 위임하는 것만 허용된다. 헌법 제75조가 대통령령으로 입법할 수 있는 사항을 "법률에서 구체적으로 범위를 정하여 위임받은 사항"으로 한정하고 있는 것은 이러한 점을 명확히 선언한 것이라 할 수 있다.

여기서 수권법률의 위임에 필요한 구체성이 어느 정도까지 준수되어야 하는지는 일률적으로 말하기는 곤란하다. 다만 국민이 그 기본적 윤곽만이라도 예견할 수 있는 정도는 되어야 한다는 것은 모든 위임입법에 있어서 준수되어야 할 최소한도의 기준이라고 할 수 있다. 따라서 법률에 이미 행정입법으로 규정될 내용 및 범위의 기본적 사항이 구체적으로 규정되어 있어서 누구라도 당해 법률로부터 행정입법에 의해 규정될 내용의 대강을 예측할 수 있어야 할 것이다.

② 위임의 구체성과 명확성의 요구 정도는 규제대상의 종류와 성격에 따라 차이가 있을 수밖에 없을 것이다. 그리고 법률에서 위임의 범위를 명확히 규정하고 있지 않다고 하더라도 법률의 전반적 체계와 관련규정에 비추어 내재적인 위임의 범위나 한계를 객관적으로 분명히 확정할 수 있다면 포괄적인 위임에 해당하는 것으로 볼 수 없을 것이다.

여기서 규제대상의 종류와 성격과 관련하여 살펴보면, 가령 기본권침해영역에서는 급부행정영역에서보다 구체성의 요구가 강화되고, 다양한 사실관계를 규율하거나 사실관계가 수시로 변화될 것이 예상될 때에는 명확성의 요건이 완화될 수 있을 것이다.[32] 그러나 처벌법규의 경우에는 죄형법정주의에 비추어 기본권침해영역 가운데서도 구체성과 명확성의 정도가 가장 강하게 요구된다고 보아야 할 것이다.

---

32) 헌재 1991. 2. 11. 90헌가27; 헌재 1993.5. 13. 92헌마80; 헌재 1994. 7. 29. 92헌바49등; 헌재 1996. 10. 31. 93헌바14; 헌재 1998. 2.27. 95헌바59; 헌재 1998. 6. 25. 95헌바35등.

(3) 쟁점사항의 구체적 검토

〈선거방송 심의에 관한 특별규정〉은 방송위원회규칙 제7호로 제정된 것으로, 〈방송법〉 제33조에 따라 〈공직선거법〉이 정한 선거방송, 기타 선거에 관련한 내용이 포함된 프로그램의 방송을 심의하기 위하여 필요한 사항을 정한 것이다. 따라서 이 규정의 모법은 〈방송법〉이라 할 수 있고, 그 위임의 근거는 〈방송법〉 제33조이라고 해야 한다.

선거방송의 공정성에 관한 심의를 규정하는 〈공직선거법〉 제8조의2는 일반적 방송심의에 관해 규정하고 있는 〈방송법〉 제33조에 대해 특별법으로서의 성격을 가진다고 할 수 있다. 따라서 일반적 방송심의에 대한 관할권은 방송위원회에 있지만, 선거방송의 공정성에 관한 심의권은 선거방송 심의위원회에 있다고 해야 한다. 즉 선거방송의 심의업무는 선거방송 심의위원회의 관할에 속하는 것이지, 방송위원회의 소관사항이 아니라는 말이다.

행정입법에 의한 규율의 필요성이 인정된다고 하더라도, 그 모법에 구체적인 수권규정을 두고 있어야 그 위임입법은 정당화될 수 있다. 그렇다면 여기서 문제되고 있는 〈선거방송송심의에 관한 특별규정〉의 수권규정은 〈공직선거법〉에서 찾아야 할 것이다. 〈공직선거법〉 제8조의 2를 살펴보면 제4항에서 다음과 같이 규정하고 있다.

> 선거방송 심의위원회는 선거방송의 정치적 중립성·형평성·객관성 및 제작기술상의 균형유지와 권리구제 기타 선거방송의 공정을 보장하기 위하여 필요한 사항을 정하여 이를 공표하여야 한다.

또한 제 7항에서 "선거방송 심의위원회의 구성과 운영 기타 필요한 사항은 방송위원회규칙으로 정한다"고 규정하고 있다.

여기서 〈선거방송 심의위원회의 구성과 운영에 관한 규칙〉(제정 2000. 3. 17. 방송위원회규칙 제 6호, 개정 2006. 1. 24. 방송위원회규칙 제 87호)은 분명 〈공직선거법〉 제 8조의 2 제 7항에 근거를 둔 것이다. 한편 〈공직선거법〉 제 8조의 2 제 4항에 의하면 선거방송의 공정성에 관한 심의기준에 관해서는 선거방송 심의위원회에서 규칙을 제정하도록 되어 있다. 따라서 선거방송 심의에 관한 규정은 선거방송 심의위원회에서 정해야 할 것이지, 방송위원회가 관여할 사안이 아니다. 그렇다면 방송위원회의 규칙으로 제정된 〈선거방송 심의에 관한 특별규정〉은 모법에 그 위임의 근거가 없어서 위임입법의 한계를 일탈한 것으로 보아야 할 것이다. 또한 이러한 방송위원회의 규칙제정은 선거방송 심의위원회의 규칙제정권을 침해한 월권적 행위에 해당한다고 볼 수 있다.

4) 과잉금지원칙의 위배여부

(1) 과잉 금지원칙의 의의

과잉금지의 원칙을 한마디로 정의하기란 어렵지만, 일반적으로 "국가의 권력은 무제한적으로 행사되어서는 아니 되고, 이는 반드시 정당한 목적을 위하여 그리고 또한 이러한 목적을 달성하기 위하여 필요한 범위 내에서만 행사되어야 한다"는 의미로 이해되고 있다. 이러한 과잉금지의 원칙은 국가의 권력도 원칙적으로 한계가 있는 것이고, 따라서 일반국민은 단순히 국가권력 내지는 국가의 자의의 객체에 지나지 않는 것이어서는 아니 된다는 점을 분명히 하고 있는 점에서, 소위 법치국가원리의 가장 중요한 본질적 징표 중의 하나로서 인정되고 있다.

우리 헌법도 제37조 제2항에서 "국민의 모든 자유와 권리는 국가안전보장 질서유지 또는 공공복리를 위하여 필요한 경우에 한하여 법률로써 제한할 수 있으며, 제한하는 경우에도 자유와 권리의 본질적인 내용을 침해할 수 없다"고 규정하여 과잉금지의 원칙을 천명하고 있다.

헌법재판소는 국가작용 중 특히 입법작용에서의 과잉금지의 원칙을 다음과 같이 판시하고 있다.

> 국가가 국민의 기본권을 제한하는 내용의 입법활동을 함에 있어서 준수하여야 할 기본원칙 내지 입법활동의 한계를 의미하는 것으로서, 국민의 기본권을 제한하려는 입법의 목적이 헌법 및 법률의 체제상 그 정당성이 인정되어야 하고(목적의 정당성), 그 목적의 달성을 위하여 그 방법이 효과적이고 적절하여야 하며(방법의 적정성), 입법권자가 선택한 기본권제한의 조치가 입법목적달성을 위하여 설사 적절하다 할지라도 가능한 한 보다 완화된 형태나 방법을 모색함으로써 기본권의 제한은 필요한 최소한도에 그치도록 하여야 하며(피해의 최소성), 그 입법에 의하여 보호하려는 공익과 침해되는 사익을 비교형량할 때 보호되는 공익이 더 커야 한다(법익의 균형성)는 법치국가의 원리에서 당연히 파생되는 헌법상의 기본원리의 하나인 비례의 원칙을 말하는 것이다."[33]

33) 헌재 1992. 12. 24. 선고 92헌가8; 헌재 1998. 3. 27. 선고 95헌가17 등.

결국 과잉금지의 원칙은 헌법 제37조 제2항과 법치주의의 원칙에서 입각한 것으로 ① 목적의 정당성, ② 방법의 적정성, ③ 피해의 최소성, ④ 법익의 균형성이 부분원칙으로 파생되는 것으로 이해되고 있다.

(2) 과잉금지원칙의 내용

① 목적의 정당성

우리 헌법 제37조 제2항 전단은 "국민의 모든 자유와 권리는 국가안전보장질서유지 또는 공공복리를 위하여 필요한 경우에 한하여 법률로써 제한할 수 있으며"라고 규정하고 있다. 따라서 입법목적의 정당성은 그 입법으로 규율하려는 사항이 헌법 제37조 제2항의 국가안전보장, 공공복리, 질서유지에 해당되는 사항일 것인가 심사대상이 된다.

② 수단의 적합성

방법의 적정성 또는 수단의 적합성이란 어떤 목적을 달성하기 위한 국가의 조치의 합목적성을 의미하는 것으로서, 사용된 수단이 추구하는 목적의 달성을 위하여 적합하여야 한다는 것을 의미한다. 적정성이란 실제로는 목적을 위한 수단의 예정된 인과관계로서 표현되는바, 이 인과성은 경우에 따라서는 아직 존재하고 있지 않기 때문에 사전판단 내지는 입법자의 예견이 가장 중요한 요소가 된다.[34] 법률의 실질적 효력에 관한 예측은, 예측 당시에 파악된 당해 법률의 목적이 광범위하면 할수록 일반적으로 잘못 판단될 가능

34) 헌재 1995. 2. 23. 선고 92헌바12

성이 크게 된다. 그래서 여기에서 말하는 적정성이라는 것은 기본권을 제한하는 법률들의 완전한 합목적성을 심사하는 것이 아니라, 오히려 추구된 목적을 장려하거나 부분적 실현을 이루게 되면 이미 적정성원칙의 요청에 충분한 것으로 본다. 그러나 문제된 사안에서 논쟁의 여지가 없을 정도로 확실한 경험칙이나 논리칙은 의회의 입법기능을 최소화하지 않으면서도 다수의 횡포를 막을 수 있는 하나의 유효한 척도가 될 수 있을 것이다. 이런 경우에까지 입법자에게 무한정한 형성적 자유를 보장하려는 입장은 어떠한 합리적 근거도 찾을 수 없을 뿐만 아니라, 나아가서 기본권과 충돌을 일으킬 경우에는 무의미하고 무한정한 형성적 자유를 위해 국민의 기본권을 담보할 수밖에 없는 상황에 이르기 때문이다.

③ 피해의 최소성

피해의 최소성의 원칙이란 추구되는 목적을 위해 여러 비슷한 효과를 거둘 수 있는 수단들 가운데서 기본권을 가장 적게 침해하는 수단으로 목적을 달성하여야 한다는 원칙이다. 따라서 피해의 최소성의 원칙에 적합한 것인지의 여부를 가리기 위하여는 먼저 동일한 효과를 거둘 수 있는 여러 수단이 있어야 하고, 다음으로 이중에서 기본권을 가장 적게 침해하는 수단을 택한 것인지 여부를 검토하여야 한다. 이러한 피해의 최소성 원칙은 매우 엄격한 심사기준이다. 선택된 수단 이외에 목적달성이 가능한 다른 수단들이 있을 수 있다면, 그 수단들 중에서 가장 제한 정도가 가벼운 수단이 선택되지 않았다면 위헌이 되는 점에서 그러하다.

④ 법익의 균형성

법익의 균형성은 국가의 조치가 적법하고 그리고 필요한 경우에 있어서도, 다시 그 목적의 사회적 및 정치적 가치와 합리적인 관계에 있어야 한다는 것이다. 즉 정치적으로 국가를 이끌어가는 기관은 그의 결정을 함에 있어서 항상 그 결정의 사회적·정치적 유용성과 또한 그 결정에 의해서 야기되는 또는 감수되어야 할 시민 및 전체 사회에 대한 침해를 염두에 두고, 양자가 이성적인 관계에 놓여 있도록 주의하여야만 하는 것이다. 다시 말하면, 침해의 정도와, 그리고 위 침해를 정당화시키는 근거의 중요성 및 긴급성을 비교형량하여야 한다는 것으로서, 피해자의 권리침해로 인한 불이익과 위 권리침해를 포기하였을 경우에, 공공의 복리가 입게 될 불이익을 비교형량하여야 한다는 것이다.

(3) 쟁점사항의 구체적 검토

① 선거방송 심의제도의 합헌성

언론의 자유를 보호하기 위하여 사전검열을 금지하는 것이 헌법의 원칙이다. 여기에는 언론의 자유에 대한 과도한 제한을 막으려는 취지가 담겨 있다고 볼 때, 사전검열의 금지 또한 큰 틀에서는 과잉금지원칙의 구체적인 적용례로 볼 수 있을 것이다.

그런데 여기서 문제가 되는 것은 선거방송 심의위원회를 방송위원회라고 하는 국가의 행정관청 안에 설치하는 것이 그 조직과 기능을 고려할 때 검열기관에 해당할 우려가 없지 않다는 점이다. 헌법재판소는 이러한 점과 관련하여 영상물등급위원회가 비록 명백한 국가기관은 아니지만 국가로부터 자금을 지원받고 실질적으로 정부의 통제를 받는 기관이라면 그 기관이 행한 등급분류보류제도 사전검열의 금지대상이 된다고 한 바 있다.[35)]

하지만 현행 헌법 제21조 제2항이 규정하는 검열은 사상이나 의견 등이 발표되기 이전에 예방적 조치로서 그 내용을 심사・선별하여 발효를 사전에 억제하는 제도로 이해하여야 할 것이다. 다시 말해 헌법상 금지되는 것은 '사전' 검열이다. 이러한 사전검열은 언론의 자유를 필요 이상으로 제한하는 것이어서 과잉금지의 원칙에 위배된다고 할 수 있기에 위헌이라고 할 수밖에 없을 것이다. 따라서 만일 선거방송 심의위원회가 아직 선거방송이 이루어지기도 전에 불공정한 보도가 예상된다는 이유로 심의를 행하여 예방적 조치를 결정한다면, 그것은 사전검열이 되어 위헌성을 면하기 어려울 것이다.

그렇다면 이미 선거방송이 불공정하게 이루어진 이후에 그 제재의 여부를 결정하기 위하여 그 공정성의 문제를 심의의 대상으로 삼는 경우는 어떠한가. 생각건대 선거방송의 공정성은 대의민주주의라는 헌법적 기본질서를 수호하기 위한 것으로 혹은 공직선거의 실시과정에서 초래될 수 있는 무질서를 방지하기 위한 것으로 이해될 수 있다. 따라서 그러한 질서유지를 위해 선거방송의 자유를 〈공직선거법〉에 의해 제한하는 것은 목적의 정당성에 있어서 문제될 것이 없다. 또한 그러한 심의제도를 통해 선거방송의 공정성을 신장시키는 결과를 가져올 수 있다는 점에 의문이 없는 만큼, 수단의 적합성도 충족한다고 보아야 할 것이다. 하지만 사전적 심의가 아니라 사후적인 제재를 위한 심의라는 점과 심의과정에서 당사자에게

---

35) 헌재 2001.8.30, 2000헌가9.

의견진술의 기회를 부여하고, 정식의 소송절차를 통해 불복할 수 있는 길을 막고 있지 않다는 점등을 고려하더라도, 시청자에 대한 사과명령과 같은 법정제재조치나 그 제재조치의 불이행에 대한 형사처벌 등을 볼 때 기본권침해의 효과가 지나친 감이 없지 않다. 그리고 법익의 균형성과 관련하여서도 방송이라는 매체의 특성과 공직선거에 미치는 막대한 영향력 등을 감안할 때 선거방송 심의제도를 통해 달성하고자 하는 공익적 요청은 매우 크다고 할 수 있지만, 불공정한 선거보도로 인해 받게 될 제재조치나 형사처벌 등을 고려할 때 방송 관련자들의 피해법익 역시 매우 크다고 할 수 있다. 그렇다면 그와 같은 문제점을 개선하지 않는 한 피해의 최소성과 법익의 균형성을 충족하기는 어렵다고 본다. 따라서 현행의 선거방송 심의제도가 합헌성을 인정받을 수 있기 위해서는 법제도적 개정이 필요할 것이다.

② 후보자의 출연제한 조항의 합헌성

〈선거방송 심의에 관한 특별규정〉은 제 20조에서 공식선거방송과 보도·토론방송을 제외한 프로그램에 후보자를 출연시키지 못하도록 규정하고 있다. 하지만 이 조항들에 대해 선거시기에 방송에 대해 가해지는 과도한 규제라는 비판이 가해지고 있다.[36]

동조항에 의하면, 방송은 선거일 전 90일부터 선거일까지 선거법의 규정에 의한 방송 및 보도·토론방송을 제외한 프로그램에 후보자를 출연시키거나 후보자의 음성·영상 등 실질적인 출연효과를 주는 내용을 방송하여서는 아니 된다. 다만 선거에 특별한 영향을

36) 정대화, "선거방송 심의규정의 위헌성", 〈방송문화〉 2004년 3월호, 8쪽 참조.

미칠 우려가 없거나 프로그램의 성질상 다른 것으로 변경 또는 대체하는 것이 현저히 곤란한 경우에는 그러하지 아니하다(제1항). 그리고 방송은 위의 기간 중 후보자를 보도·토론프로그램의 진행자로 출연시켜서는 아니 되며(제2항), 특정한 후보자나 정당에 대한 지지를 공표한 자 및 정당의 당원을 선거기간 중 시사정보프로그램의 진행자로 출연시켜서는 아니 된다(제3항).

이에 따라 후보자는 선거일 전 90일부터 선거일까지 공식선거 방송과 보도·토론방송에 출연할 수 있지만, 그 이외의 프로그램에는 출연이 전면 금지된다. 심지어는 후보자의 음성이나 영상이 방송되어서도 안 된다. 다만 "선거에 특별한 영향을 미칠 우려가 없거나 프로그램의 성질상 다른 것으로 변경 또는 대체하는 것이 현저히 곤란한 경우"에 한하여 예외가 인정되고 있을 뿐이다. 또한 후보자는 보도·토론프로그램이라 할지라도 단순출연자로 출연하는 것은 무방하지만, 진행자로서는 출연할 수 없다. 그리고 특정후보자 및 정당에 대한 지지자와 당원은 시사정보프로그램의 경우 선거기간 동안(대통령선거의 경우 23일, 국회의원선거와 지방자치단체의 의회의원 및 장의 선거는 14일) 진행자로 출연할 수 없게 된다.

이 조항과 관련하여 가장 문제되는 분야는 시사·정보·교양프로그램들이다. 이러한 프로그램들은 정치적 정보를 전달하는 데 매우 유용한 수단이 될 수 있으며, 기타의 방송연설이나 토론프로그램보다도 시민들의 관심을 끌 수 있는 장점이 있다. 그럼에도 불구하고 이러한 프로그램에 대하여 강한 제약을 가하는 것은 미디어정치라는 시대적 요청에도 부합되기 어렵다. 물론 정치권의 일각에서 우려하는 바와 같이 이러한 규제완화가 가져올 부정적 측면도 무시할 수는 없다. 하지만 〈선거방송 심의에 관한 특별규정〉 제8조와

제 9조는 선거법에 의한 선거방송과 토론프로그램이 아닌 특집기획 프로그램이나 시사정보프로그램에서 공정성을 유지할 것을 요구하고 있다. 이러한 조항들을 동 규정 제 20조의 규정과 연계하여 해석·적용할 수 있다. 또한 동 특별규정 제 2장에서도 정치적 중립, 공정성, 형평성, 객관성을 선거방송의 기본적 심의기준으로 규정하고 있다. 이러한 심의기준에 관한 규정이 모든 선거 관련 방송프로그램에 적용되는 것이며, 동 규정 제 20조의 프로그램 장르나 출연자에 대한 협소한 제한규정의 폐지나 완화를 한다 해도 이 규정을 적용한다면 문제의 발생을 효율적으로 억제할 수 있는 것으로 판단된다. 또한 그 경쟁후보가 반론이나 동등기회를 요구할 경우 사안에 따라서 적절하게 대응하면 될 것이고, 지나치게 편파적으로 진행될 경우 경쟁자나 경쟁정당들이 방송사나 방송인을 향해서 고발, 소송, 반론요청 등 다양한 방법으로 요구할 것이기 때문에 방송인에 대한 강한 압력으로 작용할 것이다.

이렇게 볼 때 현행 〈선거방송 심의에 관한 특별규정〉의 해당 조항은 피해의 최소성과 법익의 균형성이라는 헌법적 요청을 충족하고 있다고 보기 어렵다. 이에 관한 법령의 정비가 있지 않는 한 위헌성을 면할 수 없다고 보겠다.

생각건대 선거기간을 전후하여 제기된 중대한 정치적 이슈가 방송을 통해 대중에게 전달될 가치가 있다고 판단되는 경우라면, 후보자가 방송에 출연하여 입장을 밝힐 수 있도록 하는 것이 바람직할 것이다. 설령 기간상의 규제를 가한다고 하더라도 현행의 90일보다 훨씬 더 짧게, 가령 선거운동기간과 같은 정도로 한정을 지을 필요가 있다고 본다.[37)]

다만 위의 〈선거방송 심의에 관한 특별규정〉을 이러한 방향으로 개선하려면, 후보자의 방송출연제한에 관한 모법의 개정이 선행되어야 한다. 그 모법은 다름 아닌 〈공직선거법〉 제93조 제2항으로, 누구든지 선거일 전 90일부터 선거일까지는 정당 또는 후보자의 명의를 나타내는 저술·연예·연극·영화·사진 기타 물품을 이 법에 규정되지 아니한 방법으로 광고할 수 없으며, 후보자는 방송·신문·잡지 기타의 광고에 출연할 수 없도록 하고 있다. 이는 과거 불법·탈법선거에 대한 규제위주의 선거법 정신에 따른 것으로, 선거에서 미디어가 차지하는 비중이 점차 증대되어 가고 있는 시대적 흐름이나 최근에 규제완화의 차원에서 동법률의 명칭을 변경하게 된 근본적인 취지에도 부합하기 어려운 측면이 있다.

후보자의 방송출연 등을 지나치게 제한하는 〈공직선거법〉 제93조 제2항은 방송프로그램에 후보자가 출연할 수 있는 폭을 넓혀주는 한편, 그 제한의 기한을 단축시키는 방향으로 개정할 필요가 있다.[38]

---

37) 류한호, "선거방송 심의제도의 문제점과 개선방향" 참조.

38) 위의 글 참조.

5. 관련법령의 개정방향

1) 〈공직선거법〉의 개정방향

(1) 법 제8조의2 제1항

먼저 규범의 명확성을 제고하고 다른 위원회와의 업무상 다툼을 미연에 방지하기 위해서는 〈공직선거법〉 자체에서 '선거방송'에 관한 별도의 정의규정을 둘 필요가 있다.

다음으로, 선거방송 심의위원회를 상설화하는 방향으로 〈공직선거법〉 제8조의2 제1항을 개정할 필요가 있다. 구체적으로는 인터넷선거보도심의위원회의 예에 준하여 선거방송 심의위원회 위원들의 임기를 3년으로 하고, 업무의 연속성이나 전문성의 제고를 위해 1차에 한하여 연임할 수 있도록 하는 것도 검토해볼 수 있을 것이다.

(2) 법 제8조의2 제2항

먼저 원내교섭단체의 위원추천제는 위원회의 심의절차를 왜곡·변질시킬 가능성이 있고 그 수가 증가될 때 위원회의 구성 자체가 어려울 수 있으며, 기타의 정당이나 무소속후보 등에게는 불공평한 제도일 수 있다. 따라서 동조항 가운데 "국회에 교섭단체를 구성한 정당이 추천하는 각 1인을 포함하여"라는 부분은 삭제하는 방향으로 법률개정이 이루어져야 할 것이다.

다음, 시민단체의 개념이 명확한 것도 아니고, 그 실체나 추구하는 목적 또한 천차만별이어서 시민단체로서의 대표성에 대한 시비가 일 수 있는 만큼, 시민단체를 추천단체에서 삭제하는 방향으로 법률을 개정하는 것이 바람직할 것이다.

또한 복수의 변호사단체가 존재하고 있는 현 상황에서는 위원추천을 둘러싸고 관련단체간에 형평성의 시비가 발생할 수도 있다. 따라서 '대한변호사협회'로 되어 있는 부분을 '변호사단체' 정도로 개정할 필요가 있다.

한편 〈공직선거법〉의 개정을 통해 방송위원회가 합법적으로 위원추천권을 행사할 수 있도록 그 근거를 마련해주는 것이 바람직할 것으로 본다.

(3) 법 제8조의2 제5항

먼저 선거방송 심의위원회가 제재수단으로 선택할 수 있는 내용 가운데 특히 〈시청자에 대한 사과〉 부분은 기본권 침해의 우려가 매우 큰 만큼, 선거방송 심의위원회가 결정할 수 있는 제재조치로서 적합하지 않다. 따라서 〈방송법〉 제100조 제1항 각호의 규정에 의한 제재조치 등을 원용하도록 한 〈공직선거법〉 제8조의2 제5항은 개정되어야 할 것이다. 〈공직선거법〉의 동 조항에서 제재조치 등을 직접 규정하되, 법정제재조치에서 사과명령을 삭제하는 것이 바람직할 것이다.

다음으로, 현재 선거방송 심의위원회의 결정에 대한 재심청구를 허용하는 근거규정이 없는 것으로 이해되지만, 피해구제의 기회를 늘려준다는 차원에서 재심을 허용하는 것도 검토할 수 있을 것이다. 다만 이 경우 재심의 절차와 처리에 대한 명확한 법적 근거를 마련할 필요가 있다.

(4) 법 제 8조의 4 제 5항

반론보도의 특칙으로 말미암아 반론보도청구권을 규정하고 있는 다른 법률의 규정과 중첩될 뿐만 아니라, 반론보도를 둘러싼 분쟁 해결절차에 있어서 기능상의 혼란이 초래될 위험성도 없지 않다. 최근 2005년 1월 27일 제정된 〈언론중재 및 피해구제 등에 관한 법률〉에서 언론중재제도를 통합적으로 규율하고 있는 취지를 고려할 때 반론권의 특칙은 〈공직선거법〉에서 삭제하고, 그 대신에 〈언론중재 및 피해구제 등에 관한 법률〉에서 그러한 내용을 규정하는 것이 바람직하다고 본다. 그것이 여의치 않아 〈공직선거법〉에 반론권의 특칙을 계속 존치시킨다고 하더라도 다음과 같은 방향으로 법률을 개정할 필요가 있다. 먼저 선거보도에 대한 반론권 특칙제도는 〈공직선거법〉상의 선거기간과 균형을 이루기 위하여 선거기간에 한정하여 적용하는 것이 바람직할 것이다. 다음으로, 반론보도청구권의 행사와 관련하여 일반적인 언론중재처럼 당사자에게 선택권을 부여하여야 할 것이다.

(5) 법 제 93조 제 2항

후보자의 방송출연 등을 지나치게 제한하고 있는 〈공직선거법〉 제 93조 제 2항은 방송프로그램에 후보자가 출연할 수 있는 폭을 넓혀주는 한편, 그 제한의 기한을 단축시키는 방향으로 개정할 필요가 있다.

(6) 법 제256조 제2항 제3호

선거방송 심의위원회의 결정에 따른 제재조치 등을 통보받고 지체없이 이를 이행하지 아니한 자에 대해 2년 이하의 징역 또는 400만원 이하의 벌금에 처할 수 있도록 규정하고 있는 〈공직선거법〉 제256조 제2항 제3호는 죄형법정주의나 과잉금지원칙에 비추어 문제가 있는 만큼, 다음과 같이 개정하는 것이 필요하다. 즉 선거방송 심의위원회의 결정에 대한 제재조치에 따르지 아니할 경우 선거방송 심의위원회나 방송위원회가 검찰에 고발할 수 있도록 하고, 검찰의 공소제기를 기다려 법원이 제재조치의 불이행에 대한 처벌이 아니라 불공정한 보도를 한 것 자체에 대해 형벌을 부과할 수 있도록 하는 것이 바람직할 것이다. 다만 선거방송 심의위원회의 결정에 따른 방송위원회의 조치에 불응할 경우 즉시 또는 그 지연기간에 따라 과태료의 제재를 가하는 것은 무방하다고 본다.

2) 〈선거방송 심의위원회의 구성과 운영에 관한 규칙〉의 개정방향

(1) 동규칙 제 3조 제 2항

모법인 〈공직선거법〉에서는 '대한변호사협회'라고 하고 있음에도 불구하고, 동규칙 제 3조 제 2항에서는 추천단체 가운데 '대한변호사회'라는 표현을 쓰고 있다. '대한변호사회'라는 고유한 명칭을 가진 단체가 있는 것도 아니고, 그렇다고 변호사단체를 일반적으로 지칭하는 용어도 아닌 이러한 표현을 쓴 것은 잘못이라고 본다. 전술한 바와 같이 복수의 변호사단체가 존재하는 상황을 고려하여 역시 '변호사단체' 정도로 개정하는 것이 바람직할 것이다.

(2) 동 규칙 제 5조 제 2항

동 규칙 제 5조 제 2항은 방송위원회가 제정한 규칙에 방송심의위원회가 얽매이도록 하고 있다. 그런데 이는 선거방송 심의위원회가 독자적으로 자체의 심의기준을 마련할 것을 의무화한 〈공직선거법〉 제 8조의 2의 제 4항의 취지를 무시한 것이라고 볼 수 있다. 따라서 동 규칙 제 5조 제 2항에서 "방송위원회규칙"의 부분은 삭제하는 것이 바람직할 것이다.

(3) 동 규칙 제 9조 제 1항

동 규칙 제 9조 제 2항에서는 선거방송 심의위원회로 하여금 선거방송의 공정성을 유지하기 위하여 심의에 필요한 사항을 정할 수 있도록 하고 있다. 이는 〈공직선거법〉 제8조의2 제4항에 그 근거를 둔 것으로, 독자적인 선거방송 심의기준을 정할 수 있는 권한을 부여한 것이라고 볼 수 있다. 그런데 동 규칙 제9조 제1항은 그 심의기준을 방송위원회 선거방송관련 심의규칙에 따르도록 하고 있다. 이는 방송위원회가 〈선거방송 심의에 관한 특별규정〉을 통해 선거방송 심의위원회의 준입법권을 무시하고 독자적인 심의활동을 제한하려는 의도가 담긴 것이 아닌가 하는 의심이 들게 한다. 동 규칙은 방송위원회규칙이지만, 선거방송의 심의에 관한 한 특별법적 지위에 있는 〈공직선거법〉의 취지에 충실해야 할 것이다. 따라서 동 규칙 제9조 제1항 가운데 "방송위원회 선거방송 관련 심의규칙" 부분은 삭제하는 것이 바람직하다고 본다.

제5장
결론 및 제언

선거보도는 유권자들의 합리적이고 현명한 판단에 도움을 주는 다양하고 풍부한 정보를 제공해준다. 따라서 선거보도의 자유는 실질적인 대의민주주의를 가능하게 하는 논리적이고도 실질적인 전제라고 할 수 있다. 따라서 선거보도의 자유는 다른 기본권에 비해 우월적 지위를 가지는 것으로 이해되어야 한다. 하지만 방송을 통한 선거운동이나 방송에 의한 선거보도의 경우 방송매체의 특수성으로 말미암아 유권자의 의사에 미치는 영향이 지대하다. 따라서 선거방송에 있어서 공정성을 확보하는 것은 민주주의의 성패를 좌우할 만큼 중대한 관건이 되고 있다. 이러한 선거방송의 공정성에 대한 요청은 〈공직선거법〉에서 방송매체에 대해 공정보도의무의 부과와 선거방송 심의제도의 도입으로 나타났다.

하지만 선거방송 심의제도는 언론의 자유에 대한 공적 규제라는 점에서 매우 조심스럽게 바라볼 필요가 있다. 물론 선거방송의 공정성은 대의민주주의라는 헌법적 기본질서를 수호하기 위한 것으로 혹은 공직선거의 실시과정에서 초래될 수 있는 무질서를 방지하기 위한 것이나, 사전적 억제를 목적으로 행하는 심의는 사전검열에 해당될 수 있다. 따라서 사후적 규제의 수단으로서만 선거방송 심의제도를 운영하는 것이 바람직하다. 하지만 시청자에 대한 사과명령과 같은 법정제재조치나 그 제재조치의 불이행에 대한 형사처벌 등은 언론의 자유에 대한 상당한 위축효과를 불러올 수 있다. 따라서 현행의 선거방송 심의제도가 합헌성을 인정받을 수 있기 위해서는 이에 관한 법령의 개정이 필요하다.

선거방송 심의위원회는 〈공직선거법〉에 따라 설치된 독립적인 준사법기관의 성격을 지녀 외부의 어떤 간섭이나 영향을 받지 않는다. 선거방송 심의위원회는 한시적 기구이기 때문에 사무기능이 없어 편의상 방송위원회에 설치할 뿐이지 방송위원회의 하부조직으로 보아서는 안 된다. 하지만 선거방송 심의위원회와 방송위원회 사이에 존재할 수밖에 없는 업무의 중복과 충돌은 매우 현실적인 문제로 대두되고 있다. 따라서 업무의 독립성과 자율성 확보의 차원에서 방송위원회와 위상 관계를 분명히 하는 법령의 정비가 필요하다. 단기적으로는 양 위원회간의 업무나 권한을 명확하게 규정하고, 선거방송 심의위원회의 사무처리를 위한 별도의 조직을 두도록 해야 한다. 또한 장기적으로는 선거방송 심의위원회를 상설화한다든가 혹은 각종의 선거보도심의제도를 통합하여 소속상으로나 직제상으로나 독립성을 갖춘 하나의 법정기구에 맡기는 방안도 검토해 볼 필요가 있다.

한편 선거방송 심의위원회는 선거방송의 공정성에 관한 사항을 심의하고 의결하는 기관이지, 법적인 분쟁을 조정 또는 중재하거나 최종적으로 해결하는 곳으로 보기는 어렵다. 더욱이 선거방송 심의위원회는 서울에 소재하고 있기 때문에 지방방송사의 보도에 대한 반론보도청구도 서울에 소재해 있는 선거방송 심의위원회에서 처리하는 불편함이 있다. 따라서 선거방송에 대한 반론권의 관할기관은 언론중재위원회로 통일할 필요가 있다.

선거방송 심의위원회의 결정에 대한 제재조치에 따르지 아니할 경우 곧바로 형사처벌을 하는 대신에 선거방송 심의위원회나 방송위원회가 검찰에 고발할 수 있도록 하고, 검찰의 공소제기를 기다려 법원이 제재조치의 불이행에 대한 처벌이 아니라 불공정한 보도를 한 것 자체에 대해 형벌을 부과할 수 있도록 하는 것이 바람직하다.

또한 선거방송 심의에 관한 한 아무런 권한도 없는 방송위원회가 선거방송 심의위원회의 판단에 잘못이 있었는지를 점검한다는 것은 자연스럽지 못하다. 그렇다고 선거방송 심의위원회가 재심을 할 수 있도록 하면 좋겠는데, 그에 관한 법적 근거가 없어 문제이다. 피해구제의 기회를 늘려줌으로써 언론의 자유에 대한 과도한 제한을 막을 수 있다는 점에서 법률개정을 통해 재심의 근거를 마련할 필요가 있다.

한편 선거방송 심의위원회의 구성과 관련하여 위원추천의 방식을 개선할 필요가 있다. 문제의 소지가 있는 정당추천제를 폐지하고 시민단체를 추천단체에서 삭제하는 것이 바람직하다. 또한 법률의 개정을 통하여 방송위원회도 합법적으로 선거방송 심의위원회 위원의 추천권을 행사하도록 하는 것이 좋다.

그리고 오늘날 선거와 선거운동이 상시화됨에 따라 선거방송 심의의 필요성도 증대되고 있는 만큼, 선거방송 심의위원회를 상설화하는 것이 바람직하다고 판단된다. 이러한 상설화를 전제로 선거방송 심의위원회가 제재조치의 내용을 정하여 방송위원회에 통보만

하도록 하는 것이 과연 합당한지에 대해서도 재검토가 있어야 한다.

선거보도에 대한 심의라는 공통점에도 불구하고 전담기구를 매체별로 분리하여 설치·운영하도록 하는 것은 조직상의 효율이나 역량의 축적이라는 측면에서 큰 손실이 발생할 수도 있다. 더군다나 국민들의 입장에서 볼 때 복수의 심의기구를 병존시키는 것은 피해구제절차에 대한 혼란을 야기할 우려도 있다. 따라서 3개 매체의 심의기능을 통합해서 일원화하는 방안을 진지하게 모색할 필요가 있다.

또한 반론보도의 특칙으로 말미암아 반론보도청구권을 규정하고 있는 다른 법률의 규정과 중첩될 뿐만 아니라, 반론보도를 둘러싼 분쟁해결절차에 있어서 기능상의 혼란이 초래될 위험성도 없지 않다. 최근 제정된 〈언론중재 및 피해구제 등에 관한 법률〉에서 그러한 내용을 통합적으로 규율하게 하는 것도 하나의 방안이다.

참고문헌

강남준, "제도보다는 운영의 묘 살려야 공정성 확보가능", 〈방송21〉 2002년 4월호.

권영설, "선거보도의 법적, 제도적 문제", 〈신문연구〉 제 53호, 1992.

권혁남, "선거환경 변화에 따른 효과적 선거방송 운영방안 연구", 〈공정선거방송모델 연구〉(방송위원회 정책연구 2002-1), 2002. 5.

______, "여론조사 보도의 현실 진단 및 개선방안", 〈관훈저널〉 제 83호, 2002.

권혁남, 《한국언론과 선거보도》, 나남, 1997.

권혁남 · 이종수 · 강미은, 〈공정선거방송모델 연구〉, 방송위원회, 2002.

김규, 《방송매체론》, 법문사, 1993.

김규, 《비교방송론》, 나남, 1988.

김동규, "17대 총선과 언론: 폭로성 정치보도와 따옴표 저널리즘", 〈신문과 방송〉 제 399호(2004년 3월호).

김동희, 《행정법 I》, 박영사, 2006.

______, 《행정법 II》, 박영사, 2006.

김서중, "언론 자유와 선거보도에 대한 규제", 〈언론중재〉 2002년 봄호.

김영석, 〈케이블TV심의제도 비교연구〉, 종합유선방송위원회, 1993.

김영호, "신문-방송-인터넷 선거보도 통합 심의기구 필요", 〈열린미디어 열린사회〉 2002년 봄호.

김옥조, "선거방송/선거방송심의위원회 활동을 마치며", 〈신문과 방송〉 제 354호(2000년 6월호).

______, "선거방송 심의와 표현의 자유", 〈신문과 방송〉 제 354호, 2000. 6.

김주원, "선거방송법의 문제점과 개선방안", 〈방송개발〉 제 10호, 한국방송개발원, 1998.
김택환, 《한국선거보도연구: 제15대 국회의원선거는 어떻게 보도되었나》, 커뮤니케이션북스, 1997.
류한호, "17대 총선과 언론: 선거보도 관련 법·제도 쟁점", 〈신문과 방송〉 제399호(2004년 3월호).
______, "선거방송 심의규정의 문제점과 개선방향", 한국방송프로듀서연합회 〈2004 총선방송, 어떻게 할 것인가〉 토론회 발표문. 2004. 1. 29.
______, "선거방송심의제도의 문제점과 개선방안". 〈방송심의제도 어떻게 개선할 것인가〉 토론회 발표자료, 2004.
문철수, "대통령선거 취재와 보도", 한국언론연구원 연구보고서, 1997.
박광온, "선거여론조사와 보도의 문제", 〈관훈저널〉 제83호, 2002.
박동숙, "선거 여론조사 보도", 한국언론연구원, 〈선거와 미디어: 6.27 지방자치제 선거보도연구〉, 1995.
박선영, 《언론정보법연구 II》, 법문사, 2002.
박용상, 《방송법제론》, 교보문고, 1988.
______, 《표현의 자유》, 현암사, 2002.
박정의, 《선거와 여론조사 보도》, 한국언론재단, 2000.
박희정, "선거방송의 자유와 규제", 서울대 석사학위논문, 1997.
방석호, 《미디어법학》, 법문사, 1995.
방송위원회, 2000년 제16대 국회의원 선거방송 심의백서, 2000. 7.
_________, 2002년 제3회 전국동시지방 선거방송 심의백서, 2002. 12.
_________, 2002년 제16대 대통령 선거방송 심의백서, 2003. 1.
_________, 2004년 제17대 국회의원 선거방송 심의백서, 2004. 12.
_________, 2004년 제17대 국회의원 선거방송 심의백서, 2004. 12.
_________, 제15대 대통령선거방송 심의백서.
_________, 제15대 국회의원선거방송연구, 1996.
변동현, "TV 선거보도의 공정성 인식에 관한 연구", 〈여의도저널〉 2002.
성낙인, "선거법과 언론", 〈서울대학교 법학〉 제43권 3호(통권 124호), 서울대학교 법학연구소, 2002. 9.
성낙인, 《선거법론》, 법문사, 1998.

______, 《언론정보법》, 나남, 1998.
______, 《헌법학》 제7판, 법문사, 2007.
양건, "방송에서의 표현의 자유와 공적 규제", 〈헌법연구〉, 법문사, 1995.
양삼승, "'언론피해구제법'(가칭) 제정을 위한 입법론적 방안", 〈언론중재〉 2000년 겨울호.
양승찬, "16대 대통령선거와 미디어", 한국언론재단, 〈대통령선거와 미디어〉, 2003.
양승찬, 《미디어 정치시대 선거보도》, 한국언론재단, 1998.
에릭 바렌트, 김대호(역), 《세계의 방송법》, 한울아카데미, 1998.
우승용, 〈선거보도와 정치적 냉소주의: 2002년 대통령후보 경선 보도를 중심으로〉, 한국언론재단, 2002.
유근호, 〈선거방송 기능의 확대와 공정성 확보방안 연구〉, '92 방송문화진흥회 연구보고서, 1992. 12.
윤호진, 〈텔레비전 선거 여론조사 보도: 쟁점과 대안〉, 한국방송진흥원, 2002.
이구현, 〈대통령 선거보도 연구: 공정성 제고를 위한 제도적 개선방안〉, 한국언론재단, 2002.
이민웅, 《한국 TV저널리즘의 이해》, 나남, 1996.
______, 《저널리즘: 위기, 변화, 지속》, 나남, 2003.
이성환, "선거운동의 자유와 공정경쟁", 공명선거실천시민운동협의회, 〈15대 총선에 나타난 선거현실과 선거법〉 토론회 발제문, 1996. 5. 3.
이용성, "대통령 탄핵보도: 신문 사설 분석", 〈신문과방송〉 제400호(2004년 4월호).
이재진, 《한국 언론윤리법제의 현실과 쟁점》, 한양대학교출판부, 2002.
이준웅, "선거여론조사 방법 및 운용", 〈관훈저널〉 제83호, 2002.
______, "여론조사보도 주목적은 유권자 선택 돕는 것", 〈신문과방송〉 2004. 1.
이창현. "대통령 선거방송의 공정성 실현을 위한 제도적 장치의 현황과 문제점", 국민대학교 사회과학연구소학보, 2003.
이효성, "선거방송 관련 제도의 개선방향", 새정치국민회의 토론문, 1997. 5.

______, "'선거보도 가이드라인' 제정을 위하여: 선거보도 개선을 위한 이론적 논의와 제언", 한국언론학회 세미나, 2002.

이효성, 《매체선거: 그 빛과 그림자》, 한울아카데미, 2003.

임상원 외, 《자유와 언론》, 나남, 2004.

장호순, "선거방송의 공정성과 효율성 확립을 위한 과제", 방송위원회, 선거방송의 공정성과 효율성 확립을 위한 과제 전문가 토론회, 2002. 1. 30.

정대화, "선거방송 심의규정의 위헌성", 〈방송문화〉 제 273호(2004년 3월호).

정병욱, 《선거법》, 박영사, 2000.

조항제, 《한국의 민주화와 미디어 권력》, 한울아카데미, 2003.

한국언론학회, 선거보도 가이드라인 제정을 위하여, 한국언론학회, 2002.

홍성구, "숙의민주주의와 언론자유의 확장", 임상원 외, 《자유와 언론》, 나남, 2004.

황 근, "대통령 탄핵보도: 방송보도의 문제", 〈신문과 방송〉 제 400호(2004년 4월호).

황용석, 〈인터넷 시대의 새로운 정치환경과 언론〉, 한국언론재단, 2000.

황치성, "신문의 16대 대선 여론조사 보도", 한국언론재단, 대통령선거와 미디어, 2002.

Ansolabehere S. & Iyengar, S., *Going negative: How political advertisement shrink and polarize the electorate*, New York: Free Press, 1995.

Barendt, E. M., *Broadcasting Law—A Comparative Study*, Paperbacks Edition, Oxford: Clarendon Press, 1995.

Charles Debbasch & Claude Gueydan, *La régulation de la liberté de la communication audiovisuelle*, Economica, 1991.

Dahlgren, P., *Television and the public sphere: Citizenship, democracy and the media*, London: Sage, 1995.

Dalton, R. J., *Citizen politics in western democracies*, Chatham, NJ: Chatham House, 1996.

Entman, R. M., *Democracy without citizens: Media and the decay of American Politics*, New York: Oxford University Press, 1989.

François Luchaire & Gérard Conac, *La Constitution de la République française*, Paris, PUF, 1987.

Fritz Ossenbühl, *Rundfunk zwischen Staat und Gesellschaft*, München, 1975.

Jean Morange, *Manuel des droits de l'homme et libertés publiques*, Paris, PUF, 2007.

Konrad Hesse, *Grundzüge des Verfassungsrechts der Bundesrepublik Deutschland*, Heidelberg: C. F. Müller Juristischer Verlag, 1991.

Maunz-Dürig, *Grundgesetz Kommentar*, Band I, Verlag C. H. Beck, 1992, Abs. 5.

Maunz-Dürig, *Grundgesetz*, Band I, München: Verlag C. H. Beck, 1994.

McChesney, Robert, *Rich media, poor democracy: Communication politics in dubious times*, University of Illinois Press, 1999.

Negrin, R., *Politics and the mass media in Britain*, London: Routledge, 1994.

Pieroth, Bodo & Schlink, Bernhard, *Grundrechte Staatrecht II*, Heidelberg: C. F. Müller Verlag, 1999.

Pierre Pactet, *Institutions politiques et droit constitutionnel*, Paris, Armand Colin, 2000.

Robertson, G. & Nicol, A., *Media Law*(3rd ed), 1992.

Schudson, M., *The power of the news*, Cambridge, England: Cambridge University Press, 1995.

Wieland, Joachim, *Die Freiheit des Rundfunks, Schriften zum öffentlichen Recht*(Band 477), Berlin: Duncker & Humbolt, 1984.

Wilke, Jürgen, *Pressefreiheit*, Darmstadt, 1984.

나남커뮤니케이션스 ⑤

주) 나남 — 나남의 책은 쉽게 팔리지 않고 오래 팔립니다 — 2007

843 **현대사회복지 실천이론**
말콤 페인/서진환(성공회대)·이선혜(중앙대)·정수경(전주대) 공역

844 **산업복지론**
조흥식(서울대)·김진수(강남대)·홍경준(성균관대) 공저

845 **사회복지정책의 이해**
김태성(서울대) 저

846 **의료사회사업론**
윤현숙(한림대)·김연옥(서울시립대)·황숙연(서울대강사) 공저

847 **현대사회학이론**
조나단 터너/정태환(고려대) 외 역

849 **현대일본의 사회운동론**
정진성(서울대) 저

851 **지훈육필시집**
조지훈 저

853 **미군정기 신문의 사회사상**
김민환(고려대) 저

854 **포르노에도 텍스트가 있는가**
윤혜준(한국외국어대) 저

856 **세계화와 복지국가**
송호근(서울대) 편

857 **눈으로 보는 한국광고사**
신인섭(한림대)·서범석(세명대) 공저

860 **사회복지실천기술론**
김혜란(서울대)·홍선미(한신대)·공계순(호서대) 공저

861 **사회복지실천기술연습**
Barry Cournoyer/김인숙(가톨릭대)· 김용석(가톨릭대) 공역

863 **사회복지개론**
김상균·최일섭·최성재·조흥식·김혜란 공저

864 **고령화 사회의 도전**
임춘식(한남대) 저

865 **인터넷시대의 취재와 보도**
남시욱(세종대) 저

867 **인간□종교□국가**
이문영(경기대) 저

868 **옥외광고론**
서범석(세명대) 지

869 **공론장의 구조변동**
위르겐 하버마스/한승완(국가안보정책연구소) 역

871 **불과 한국인의 삶**
김형국(서울대) 편

872 **주체□의미□문화**
김덕영(한국디지털대) 저

873 **장정5 - 다시 대륙으로**
김준엽(前 고려대총장) 저

874 **인터넷 저널리즘과 여론**
강미은(숙명여대) 저

875 **중국 농민공과 국가 - 사회관계**
이민자(서강대강사) 저

881 **코드: 사이버공간의 법이론**
로렌스 레식/김정오(연세대) 역

883 **현대신문학**
서정우(前 연세대) 편

884 **사회복지 윤리와 철학**
김상균(서울대)·오정수(충남대)·유채영(연세대) 공저

885 **사회복지의 역사**
감정기(경남대)·최원규(전북대)·진재문(경남대) 공저

887 **매스커뮤니케이션 이론**
데니스 맥퀘일/양승찬·강미은·도준호 공역

888 **양방향 TV**
김대호(인하대) 저

892 **백범일지**
김 구 저

894 **수화의 이해와 실제 - 초급과정**
이준우(나사렛대) 저

898 **한국 지방자치와 민주주의**
안청시(서울대) 외

899 **예산론**
윤성식(고려대) 저

900 **광기의 역사**
미셸 푸코/이규현 역

902 **상상의 공동체**
베네딕트 앤더슨/윤형숙(목포대) 역

903 **한국언론과 명예훼손소송**
이광범(판사) 외

906 **가족과 레질리언스**
프로마 월시/양옥경(이화여대) 외 역

910 **함께 이루는 남녀평등**
심영희(한양대) 외

917 **이봉창 평전 - 항일투쟁의 불꽃**
홍인근(前 동아일보) 저

918 **사회복지개론**
표갑수(청주대) 저

919 **젠더연구**
크리스티나 폰 브라운 외/탁선미 외 역

920 **'탈주술화' 과정과 근대: 학문, 종교, 정치**
막스 베버/전성우(한양대) 역

922 **실전기자론**
박진용(대구매일) 저

923 **기사쓰기, 이렇게 공부하라**
이재경(이화여대) 편

924 **한국의 문화변동과 가치관**
임희섭(고려대) 외

926 **대통령과 권력**
로버트 웰스/허용범(조선일보) 역

930 **수화의 이해와 실제 - 중급과정**
이준우(나사렛대) 저

931 **정치리더십과 한국 민주주의**
정윤재(한국정신문화연구원) 저

932 **대통령 비서실장론**
함성득(고려대) 저

934 **인간이라는 자연의 미래 : 자유주의 우생학 비판**
위르겐 하버마스/장은주(영산대) 역

938 **인간커뮤니케이션**
홍기선(고려대) 저

939 **한국1950: 전쟁과 평화**
박명림(연세대) 저

940 **혼돈과 질서의 만남**
C. 라오/이재창(고려대)·송일성(성신여대) 역

941 **의료개혁과 의료권력**
조병희(서울대) 저

942 **미국통상정책과 대응전략**
오영호(산업자원부) 저

나남커뮤니케이션스 ⑥

주) 나남 나남의 책은 쉽게 팔리지 않고 오래 팔립니다 2007

943 **위대한 피아니스트**
쇤베르크/윤미재(이화여대) 역

944 **한국인 이해의 개념틀**
조긍호(서강대) 저

946 **민족과 국가**
로버트 거/이신화(고려대) 역

954 **일본 - 성장과 위기의 정치경제학**
손 열(중앙대) 저

957 **광고매체기획론**
박현수(단국대) 저

958 **정보체계론**
권기헌(경희대) 저

959 **미디어와 정보사회**
오택섭(고려대)·강현두(前서울대)·최정호(울산대) 공저

963 **영상콘텐츠산업론**
공용배(단국대) 저

968 **콘텍스트 브랜딩**
아쿠츠 사토시·이시다 시게루/휘닉스커뮤니케이션즈 마케팅플래닝본부 역

970 **사회과학데이터 분석법 I**
최현철·오택섭(고려대) 공저

971 **사회과학데이터 분석법 II**
최현철·오택섭(고려대) 공저

972 **노사관계와 국가경쟁력**
이원덕(한국노동연구원) 외

973 **기호학 마케팅 커뮤니케이션**
장마리 플로슈/김성도(고려대) 역

975 **경제사**
김준호(대전대) 저

976 **영상이미지의 구조**
주창윤(서울여대) 저

978 **언론과 명예훼손 소사전**
이재진(한양대) 저

981 **지역사회복지론**
표갑수(청주대) 저

982 **미디어 인터뷰**
박성희(이화여대) 저

984 **세계화와 문화**
존 톰린슨/김승현(고려대)·정영희(고려대 강사) 공역

986 **한국저널리즘 관행연구**
이재경(이화여대) 저

987 **정책평가기법 - 편익분석론**
김홍배(한양대) 저

988 **리영희: 살아있는 신화**
김만수(대전대 강사) 저

989 **방송□통신융합 이해**
김국진(정보통신정책연구원) 저

990 **장애인복지실천론**
김미옥(이화여대) 저

995 **카피라이팅론**
김동규(동명정보대) 저

996 **반민특위 연구**
이강수(정부기록보존소) 저

997 **저널리즘: 위기□변화□지속**
이민웅(한양대) 저

999 **광고 What & How**
이화자(호남대) 저

1004 **폭력과 싸우고 근본주의와도 싸우기**
김진석(인하대) 저

1006 **사회구조와 행위**
김용학(연세대) 저

1007 **사회복지 질적 연구방법의 이론과 활용**
에드먼드 셔먼·윌리엄 리드 편/유태균(숭실대)·이선혜(중앙대)·서진환(성공회대) 공역

1008 **한말애국계몽운동의 사회사**
신용하(前 서울대) 저

1009 **한국의 문화유산**
최정호(前 연세대) 저

1010 **증보 신채호의 사회사상연구**
신용하(前 서울대) 저

1014 **커뮤니케이션 이론**
세버린·탠카드/박천일(숙명여대)·강형철(숙명여대)·안민호(숙명여대) 공역

1015 **학교와 사회복지실천**
한인영(이화여대)·홍순혜(서울여대)·김혜란(서울대) 공저

1019 **사회복지연구조사방법론**
김환준(계명대) 저

1022 **민주주의는 실패한 신인가**
한스헤르만 호페/박효종(서울대) 역

1023 **일상문화읽기: 자기성찰의 사회학**
일상문화연구회

1025 **환경이 아프면 몸도 아프다**
시민환경연구소 환경보건위원회 편

1026 **브레이크아웃**
마틴 러스/임상균(ING은행) 역

1027 **수화의 이해와 실제**
이준우(나사렛대)·남기현(나사렛대) 공저

1030 **비언어적 커뮤니케이션론**
김우룡(외대)·장소원(서울대) 공저

1031 **대통령의 무혈혁명**
조용중(성곡언론문화재단 이사) 저

1035 **한국권력구조의 이해**
진영재(연세대) 편저

1036 **영원한 재야 대인 홍남순**
홍남순평전 간행위원회 편

1038 **한국사회 이해의 새로운 패러다임**
송호근(서울대) 편

1042 **강대국 국제정치의 비극**
존 미어셰이머/이춘근(자유기업원 부원장) 역

1043 **사회복지실천이론의 이해와 적용**
연세사회복지실천연구회 역

1045 **표류하는 한국경제, 활로는 없는가**
윤건영(연세대) 외 공저

1048 **남북경제통합론**
박상봉(미래한국신문) 저

1049 **질병의 사회심리학**
알랜 래들리/조병희(서울대)·전신현(한국디지털대) 공역

1051 **영상경제학**
브루스 M. 오웬·스티븐 S. 와일드맨/최양수(연세대) 역

1052 **현대 중국의 대외경제정책**
오용석(경성대) 저

1054 **세상은 꿈꾸는 사람들의 것이다: 참여연대 실천경영론**
박원순(아름다운 재단) 저

경기도 파주시 교하읍 출판도시 518-4 TEL : 031)955-4600 FAX : 031)955-4555 www.nanam.net

나남커뮤니케이션스 ⑧

주) 나남 나남의 책은 쉽게 팔리지 않고 오래 팔립니다 2007

1138 **땅은 사유재산이다**
김정호(자유기업원 원장) 저

1139 **디지털시대의 방송편성론**
한진만(강원대), 심미선(순천향대) 외 공저

1140 **직업으로서의 학문**
막스 베버/전성우(한양대) 역

1141 **사회문제와 사회복지**
표갑수(청주대) 저

1142 **파워브랜드를 만드는 광고전략**
김원규(Communications 'of Cours') 저

1143 **미국법 오해와 이해**
이수형(동아일보) 저

1145 **후진타오 시대의 중국정치**
조영남(서울대) 저

1146 **한국언론인물사상사**
조맹기(서강대) 저

1148 **한국의 법문화**
김정오(연세대) 저

1151 **정보화시대의 신성장국가론**
홍성걸(국민대), 윤석만(포스코) 외 공저

1152 **마케팅커뮤니케이션의 통합과 온광고론**
김일철(동의대), 돈 E. 슐츠(미국 노스웨스턴대) 공저

1153 **복지국가의 태동**
송호근(서울대), 홍경준(성균관대) 공저

1155 **황우석사태와 한국사회**
김세균·최갑수(서울대), 홍성태(상지대) 외 공저

1156 **민족일보연구**
김민환(고려대) 저

1157 **노예의 길**
프리드리히 A. 하이에크/김이석(국회예산정책처) 역

1158 **종교사회학의 이해**
이원규(감리교신학대) 저

1159 **방송대본 이렇게 써라**
한소진(드라마 작가) 저

1160 **여성과 자유**
웬디 맥엘로이 편/서은경(AFX NEWS) 역

1167 **한국 세기 뛰어넘기**
권태준(前 서울대) 저

1168 **정신보건과 사회복지**
양옥경(이화여대) 저

1171 **도선국사 풍수비법**
리귀홍(전통풍수지리학회장) 저

1174 **인간·경제·국가 ①, ②**
머레이 N. 라스바드/전용덕(대구대), 김이석(국회예산정책처) 공역

1176 **공공의료제도의 치명적 위험**
리처드 A. 엡스타인/안진환(인트랜스번역원) 역

1179 **다시 광장에서**
송호근(서울대) 저

1181 **민주주의와 법원의 위헌심사**
존 하트 일리/전원열(대법원 재판연구관) 역

1188 **현실주의 국제정치학**
이춘근(자유기업원 부원장) 저

1189 **복지재정과 시민참여**
김태일(고려대), 박정수(이화여대), 이재원(부경대) 외 공저

1190 **직업으로서의 정치**
막스 베버/전성우(한양대) 역

1191 **북미핵협상**
남찬순(순천향대 초빙교수) 저

1193 **유학자의 성찰**
윤사순(고려대 명예교수) 저

1196 **디지털 크로스로드**
조나단 넥터라인, 필립 와이저 공저/정영진(법무법인 율촌 변호사) 역

1198 **상상력에 엔진을 달아라**
임헌우(계명대) 저

1199 **역사에 대한 예의**
전진우(동아일보) 저

1201 **광고카피창작론**
김병희(서원대) 저

1203 **자원봉사론**
남기철(동덕여대) 저

1204 **부와 빈곤의 역사**
존 P. 파월슨/권기대(돌 미디어 대표) 역

1205 **IPTV**
김국진(미디어미래연구소 소장), 최성진(서울산업대) 공저

1206 **경제사회학이론**
박길성(고려대), 이택면(한국여성개발원) 공저

1216 **친구와의 서신 교환선**
니콜라이 고골/석영중(고려대) 역

1217 **민주시민의 도덕**
로버트 프리먼 버츠/김해성(강원대) 역

1218 **다른 것이 아닌 것**
니콜라우스 쿠사누스/조규홍(한국중세철학회) 역

1219 **세계시민주의와 민족국가**
프리드리히 마이네케/이상신·최호근(고려대) 공역

1220 **폭력에 대한 성찰**
조르주 소렐/이용재(전북대) 역

1225 **서구자유주의의 융성과 쇠퇴**
앤서니 아블라스터/조기제(진주교대) 역

1233 **휴머니즘론**
박호성(서강대) 저

1235 **이념의 힘**
복거일(소설가) 저

1237 **법철학**
아르투어 카우프만/김영환(한양대) 역